都市経営研究叢書 **8**

コーポレート・
アントレプレナーシップ

日本企業による新事業創造

新藤晴臣［編］

日本評論社

『都市経営研究叢書シリーズ』
刊行にあたって

　21世紀はアジア・ラテンアメリカ・中東・アフリカの都市化と経済発展の時代であり、世界的には、人類の過半が都市に住む都市の時代が到来しています。

　ところが、「人口消滅都市（※注）」などの警鐘が鳴らされているように、逆に先進国都市では、人口の減少、高齢化、グローバル化による産業の空洞化が同時進展し、都市における公共部門やビジネス等の活動の課題はますます複雑になっています。なぜなら、高齢化等により医療・福祉などの公共需要はますます増大するにもかかわらず、人口減少・産業の空洞化が同時進行し、財政が緊迫するからです。

※注：2014年に日本創成会議（増田寛也座長）が提唱した概念

　このため、これからは都市の行政、ビジネス、非営利活動のあらゆる分野で、スマート（賢く）でクリエイティブ（創造的）な課題解決が求められるようになります。人口減少と高齢化の時代には、高付加価値・コストパフォーマンスの高いまちづくりや公民連携（PPPやPFI）が不可欠です。今後重要性の高い、効果的なまちづくりや政策分析、地域再生手法を研究する必要があります。また、人口減少と高齢化の時代には、地方自治体の行政運営の仕方、ガバナンスの課題が大変重要になってきます。限られた財政下で最大の効果を上げる行政を納税者に納得して進

めていくためにも、合意形成のあり方、市民参画、ガバメント（政府）からガバナンス（運営と統治）への考え方の転換、NPOなどの新しい公共、そして法や制度の設計を研究する必要があります。また、産業の空洞化に対抗するためには、新産業の振興、産業構造の高度化が不可欠であり、特に、AIなどのICT技術の急速な進歩に対応し、都市を活性化する中小・ベンチャーの経営革新により、都市型のビジネスをおこす研究が必要です。一方、高齢化社会の到来で、医療・社会福祉・非営利サービス需要はますます増大いたしますが、これらを限られた財政下で整備するためにも、医療・福祉のより効率的で効果的な経営や倫理を研究し、イノベーションをおこさないといけません。

　これらから、現代社会において、都市経営という概念、特に、これまでの既存の概念に加え、産業や組織の革新（イノベーション）と持続可能性（サスティナビリティ）というコンセプトを重視した都市経営が必要となってきています。

　このために、都市経営の基礎となるまちづくり、公共政策・産業政策・経済分析や、都市経営のための地方自治体の行政改革・ガバナンス、都市を活性化する中小ベンチャーの企業経営革新やICT化、医療・福祉の経営革新等の都市経営の諸課題について、都市を支える行政、NPO、プランナー、ビジネス、医療・福祉活動等の主要なセクターに属する人々が、自らの現場で抱えている都市経営の諸課題を、経済・経営・政策・法／行政・地域などの視点から、都市のイノベーションとサスティナビリティを踏まえて解決できるように、大阪市立大学は、指導的人材やプロフェッショナル／実務的研究者を養成する新しい大学院として都市経営研究科を、2018年（平成30年）4月に開設いたしました。

　その新しい時代に求められる教程を想定するとともに、広く都市経営に関わる諸科学に携わる方々や、学ばれる方々に供するため、ここに、『都市経営研究叢書』を刊行いたします。

都市経営研究科 開設準備委員会委員長　桐山　孝信

都市経営研究科 初代研究科長　小長谷　一之

序

　日本企業による新事業創造は現在、転換期を迎えようとしている。高度成長期に多角化戦略を推進してきた日本企業は、1980年代からは「社内ベンチャー」に取り組むことで、さらなる成長を模索していく。こうした新事業創造の努力により、日本企業は右肩上がりの成長を享受するものの、1990年代のバブル崩壊後、「失われた30年」に突入する。そうして日本企業の優先課題は新事業創造から、リストラクチャリング、リエンジニアリングなどの効率化へとシフトすることになる。

　日本企業の縮小傾向とは裏腹に2000年代に入ると、ICT分野を中心に、新事業創造がグローバルに活発化することとなる。具体的には、GAFA（Google、Apple、Facebook、Amazon）といった米国企業に加え、2010年代以降、BAT（Baidu〔百度〕、Alibaba〔阿里巴巴〕、Tencent〔騰訊〕）といった中国企業が、新事業創造を通じて躍進することとなる。こうしたグローバルな動向は、日本企業に大きく2つの変化をもたらしている。

　第1に、日本の既存企業（Established Company）の中心層の変化が挙げられる。具体的にはモノづくりを中心とする大手メーカーに加え、メガベンチャーや外資系企業など新たなプレイヤーが、日本の既存企業の中心層を担いつつある。ソフトバンクや楽天といった1990年代には「ベンチャー」と呼ばれた企業群も、失われた30年を経て、「既存企業」として日本の企業社会に定着している。

　第2に、モノづくりを中心とする大手メーカーの新事業創造の手法も、大胆に変化しつつある。具体的には前述の「社内ベンチャー」に加え、既存企業によるベンチャーへの株式投資である「コーポレート・ベンチャーキャピタル投資（以下、CVC投資）」や、オープンイノベーションを通じて既存企業とベンチャーとが協同で事業を創造する「アクセ

ラレーションプログラム」といった新たな事業創造手法を、日本の大手メーカーも積極的に導入している。

　これらの変化を受けて近年、日本の学会では「コーポレート・ベンチャリング」に関する研究が再活性化しつつある。コーポレート・ベンチャリングは後述の通り、「社内外の資源を活用し、既存または新規の分野・市場・産業にて、事業創造を行うための、組織の仕組み、プロセス、実践の集合体」と定義されている。またその形態としては、社内ベンチャーに代表される「内部志向型」、CVC投資を初めとする「外部志向型」、アクセラレーションプログラムなどの「協同型」があるとされる。こうした「コーポレート・ベンチャリング」の研究は、既存企業の新事業創造の解明に一定の成果を上げたものの、「組織」に関する議論が中心となっており、既存企業の新事業創造を包括的に解明する上で限界があった。一方でグローバルな学術研究に目を向けると、1990年代以降、既存企業の新事業創造を包括する概念として、「コーポレート・アントレプレナーシップ」が注目を集めている。

　「コーポレート・アントレプレナーシップ」について、本書では、「戦略転換またはイノベーションが行われ、ベンチャー創出を伴う、既存企業によるアントレプレナーシップ」と定義している。その詳細については以降で議論するが、「コーポレート・アントレプレナーシップ」は、「コーポレート・ベンチャリング」「戦略的アントレプレナーシップ」「イノベーション」の一部を含む、包括的かつ複合的な概念となる。

　本書の研究目的は、コーポレート・アントレプレナーシップとは何かを明らかにすることとなる。本書では、コーポレート・アントレプレナーシップについて、コーポレート・ベンチャリングなどの近接概念とは何が違うのかを含めて議論を行っている。またこの研究目的を達成するために本書では、コーポレート・アントレプレナーシップのシステマティックレビューを通じて、歴史的遡行も行っている。

　また本書では、コーポレート・アントレプレナーシップの仮説構築を行うために、パナソニック株式会社、ANAホールディングス株式会社、バイエル薬品株式会社、ソフトバンクグループ株式会社という先端

的な4社の事例について、非実証主義的方法に基づく比較事例研究と、過程追跡法による分析を行っている。4社の属性は、国内既存企業、外資系企業、メガベンチャーと分かれるほか、業種も、電機、航空、製薬、ICTと多岐に渡っている。またこれら4社を取り上げることで、内部志向型、協同型、外部志向型といった多様な「コーポレート・ベンチャリング」が観察できるだけでなく、「戦略的アントレプレナーシップ」「イノベーション」といった、コーポレート・アントレプレナーシップの他の要素もカバーされるよう工夫している。これら4社について本書では共通する理論フレームで分析することで、仮説構築を試みているが、先端的な日本企業の事例を取り上げることを優先したため、各事例の研究方法については、必ずしも統一化が図られていない。

本書は大きく、8つの章により構成されている。第1章では、コーポレート・アントレプレナーシップ研究の源流として、1937年に発表されたルイス（Lewis, B. W.）の論文を取り上げるほか、その歴史的推移と研究領域を、システマティックレビューを用いて説明している。第2章では、コーポレート・アントレプレナーシップの定義と構成要素について、ナラティブレビューを通じた導出を試みている。具体的には「コーポレート・ベンチャリング」「戦略的アントレプレナーシップ」「イノベーション」といった要素について、先行研究の論点を整理し、理論フレームを導出している。

第3〜第6章では4社の事例について、詳細な記述を行っている。第3章のパナソニック株式会社の事例では、部門主導により多様なコーポレート・ベンチャリングが導入されることで、全社的な戦略転換が試みられる様子が提示されている。第4章のANAホールディングス株式会社の事例では、Peach Aviation株式会社、バニラ・エア株式会社という2社のローコストキャリア（LCC）が設立され、最終的にLCCを柱とする全社戦略が形成されるプロセスについて、詳細な記述を行っている。第5章のバイエル薬品株式会社の事例では、国内研究所の閉鎖に伴うオープンイノベーションセンターの設立と、インキュベーション施設「CoLaborator KOBE」におけるベンチャーとの連携に至るプロセスに

ついて、説明を行っている。第6章のソフトバンクグループ株式会社の事例では、創業から現在までの企業成長について、関連会社への投資を通じた企業ドメインの再定義を中心に、俯瞰的に記述している。なお各社の事例については、特に指定のない限り調査時点のものとなっている。

　最後に第7章と第8章では、4社の事例に基づく分析と、そこから導出される本書の結論について説明している。第7章では4社の事例について、非実証主義的方法に基づく比較事例研究とともに、過程追跡法による分析を行っている。また第8章では結論として、①コーポレート・アントレプレナーシップの定義、②アントレプレナー資源の重要性、③アントレプレナー資源とコーポレート・ベンチャリングの関係、④コーポレート・アントレプレナーシップのモデル、の4点を論じている。

　本書の主な読者としては、新事業開発部門の管理職、イントレプレナー（社内企業家）、CVC投資やアクセラレーションプログラムの担当者など、既存企業で新事業創造に関わる役員・管理職・社員のほか、既存企業とのアライアンスを模索する独立型ベンチャーの経営者などが想定される。また大学において、ビジネスを学ぶ社会人大学院生やMBA（経営学修士）の学生、就職後に起業・創業に関心を持つ学部学生も、本書の対象に含まれる。

　本書の使用方法として、コーポレート・アントレプレナーシップの理論や背景を学びたい読者には、第1～第2章を読むことをお勧めする。また日本企業の具体的取組を理解したい方は、第3～第6章の事例を読むことをお勧めする。さらにコーポレート・アントレプレナーシップの新たな方向や提言からヒントを得たい場合、第7～第8章を読むことをお勧めする。

　本書では、コーポレート・アントレプレナーシップの概念を正確に理解するために、本文中で重要用語の初出時に英文を併記したほか、全体を通じて訳語を統一している。またアカデミック以外のビジネスマンなど一般の読者も読みやすいよう、引用元は各章末に注釈で記載しているほか、参考文献のうち、各章に特有の情報に関する資料は各章末に、本

書全体に関わる書籍・論文等は巻末に「参考文献」として独立して記載している。なお巻末の参考文献では、英語文献のうち訳書があるものには、文献末尾に※印をつけて記載している。

　最後に、本書の4人の著者は、電機、航空、製薬、ICT分野でコーポレート・アントレプレナーシップまたは近接する実務経験後、博士号を取得しており、概念の着想や事例の臨場感など、本書のスパイスとなっている。本書を通じて、日本企業のコーポレート・アントレプレナーシップがより加速することを、著者一同、心より祈念する次第である。

　2021年9月

著者を代表して　　　新藤　晴臣

＊本書の出版に際して、大阪市立大学大学院都市経営研究科初代研究科長・小長谷一之先生、現研究科長・遠藤尚秀先生を初め教員各位、日本評論社・永本潤様には多大なるご助力をいただき、心より感謝申上げます。本書は「JSPS科研費JP18H00887」「令和3年度大阪市立大学証券研究センター助成費」「令和3年度大阪市立大学大学院都市経営研究科成果・教育刊行費（研究科叢書プロジェクト）」の助成を受けたものです。

目　次

第1章

コーポレート・アントレ
プレナーシップとは何か

I. 歴史的視点

　コーポレート・アントレプレナーシップ（Corporate Entrepreneurship：以下、CE）研究の歴史は1930年代まで遡られる[1]。具体的には1937年に発表されたルイス（Lewis, B. W.）の論文 'The Corporate Entrepreneur' の中に、CE研究の原型を垣間見ることができる。

　ルイスの論文では、「生産の最終的な代理人としてのアントレプレナーの機能と、所得の最終的な分配を受けるアントレプレナーの機能に焦点を当て、株式会社形態（Corporate Form）を採用するビジネス組織での、アントレプレナーシップを明らかにする」という研究目的が示されている[2]。

　また本論文は、起業機能（Entrepreneurial Function）という鍵概念について、①企業の責任を負うこと（＝事業継続の意志を持つこと）、②委任不能な最終的な意思決定を行うこと、③（他の代理人機能（Functional Agent）により投資の返金やリターンが契約されず、制度的に必要でビジネス組織に避けられない）固有の不確実性を引受けること、という3点により定義している[3]。なお本論文は、これら起業機能の定義の直後、起業機能のことをアントレプレナーシップ（Entrepreneurship）と言いかえていることから、①〜③が、アントレプレナーシップの定義に該当すると想定される。

　ここまで前提となる議論の整理を行ってきたが、本論文の核心は、「株式会社（Corporation）では、誰がアントレプレナーシップを行うの

か？」という問いである。本論文は組織形態により、アントレプレナーシップの主体者が異なると論じている。具体的には、個人会社（Single Proposition）ではオーナーや個人事業主が、合名会社（Partnership）ではパートナーが、アントレプレナーシップの主体者になるとされる[4]。具体的には前述の①〜③の定義から、不確実性の高い、重要な意思決定を行うことがアントレプレナーシップの前提となるため、所有と経営が一致する個人会社や合名会社では、オーナー、個人事業主、パートナーが、アントレプレナーシップを行うと考えられる。それでは、所有と経営が分離する株式会社では、誰がアントレプレナーシップを行うかということが、根本的な問いとなる。

　本論文では、株式会社でアントレプレナーシップを行う主体として、「資本家（Capitalist）・株主（Shareholder）」「役員（Executive）」を候補に挙げている。これら候補のうち「資本家・株主」については、「収入を約束された資本家は、資本家機能の不確実性を受入れるよう誘導された財産の保有が無価値であることが証明され、彼（＝資本家）の投資が完全な損失となったという事実により、アントレプレナーになるわけではない」[5]、「会社の仕組上、株主は有限責任を享受するため、アントレプレナーではない」[6]と論じた上、候補者から除外されている。

　一方で「役員」については、「積極的な意思決定を行うために雇われた役員は労働者であるが、自発的な合意により、固定賃金契約を放棄する代わり、金額や割合にかかわらず、偶発的な残余収入の請求という不確実性を受入れる場合、彼（＝役員）はアントレプレナーと言える」[7]として、条件付でアントレプレナーの候補者とみなしている。

　本論文では「役員」がアントレプレナーシップを行うために、資本家の「代理人機能（Functional Agent）」になる、という対応方法が示されている。これにより「資本家は、契約に基づいてアントレプレナー（＝役員）に機会（Chance）を与え、アントレプレナーは市場に機会を与える」ことが可能になる[8]。また「（代理人が果たす）機能（責任を取る、不確実性に耐える、最終的な意思決定を行う）は絶対的に不可欠であり、委任ができず、不可分である」ため、「生産の最終的な機能の一つであ

る」とされる[9]。さらに役員が代理人機能となる上で、利益配分やボーナスシステムなどの、インセンティブシステムの整備が必要と論じられている。

　ここまでルイスの研究について説明してきたが、今日のコーポレート・アントレプレナーシップ（CE）研究と比較して、共通点と相違点が存在する。共通点としては、既存企業[10]でアントレプレナーシップを行うという経営現象を取り扱う点が挙げられる。一方で相違点としては、アントレプレナーシップの主体として、今日のようにミドルマネジャーをはじめとする「社員」を想定するのではなく、CEOをはじめとする「役員」を想定している点が挙げられる。その背景としては当時、株式会社（Corporation）形態の黎明期であり、社員は単なる「労働者」とみなされたという原因が想定される。なお、社員が主体となる今日のCEに近い議論が展開されるのは、それからしばらく先となる。

　ルイスの論文から20年後の1959年に、ペンローズ（Penrose, E. T.）による著書 The Theory of the Growth of the Firm が出版される[11]。同書は、「企業成長に関する一般理論の構築」を研究目的とし[12]、企業を管理単位ではなく生産資源の集合体ととらえている[13]。これによりペンローズは、資源論、中でも「ダイナミック・ケイパビリティ（Dynamic Capability）」に大きな影響を与えたとされるが[14]、アントレプレナーシップの研究にも影響を与えている。

　同書では、「起業サービス（Entrepreneurial Service）」という概念が提示され、「管理サービス（Managerial Service）」とは明確に区別されている。起業サービスは「企業の利益に資するための製品、立地、技術上の重要な変化などに関する新しいアイデアの導入と承認、新しい管理職の獲得、管理組織の本質的変革、資金調達、拡張の方法の選択も含む拡張の計画の立案などに関連する業務に果たす貢献」と定義される[15]。またその質を決める要因として、①アントレプレナーの柔軟性、②資金調達の才能、③アントレプレナーの野心、④アントレプレナーの判断が挙げられていることから[16]、「起業サービス」は、アントレプレナーシップと同義であると考えられる[17]。

「起業サービス」の主体としてペンローズは、アントレプレナーの存在を提示した上で、「地位・職業分類を問わず、企業内において、起業サービスを提供する個人ないしはグループ」と定義している[18]。このペンローズの定義から、以下の2つの点が明らかとなる。第1に、「企業内において起業サービスを提供する」ことから、個人が起業を行う「独立型アントレプレナーシップ（Independent Entrepreneurship）」ではなく、既存企業内のコーポレート・アントレプレナーシップ（CE）を扱っていると想定される。第2に「地位・職業分類を問わず」という記載があることから、株式会社でアントレプレナーシップを行う存在を、役員に限定していない点である。この点については、前述のルイスと異なり、今日のCEにより近い概念が提示されていると考える。

　ここまでペンローズの研究について議論してきたが、CE研究に対する直接的な貢献として、「戦略的アントレプレナーシップ（Strategic Entrepreneurship）」に影響を与えた点が提示されている[19]。しかし「戦略的アントレプレナーシップ」の概念が発展したのは、後述の通り2000年代以降であり、直接的な影響は大きくないものと想定される。むしろペンローズによるCE研究への貢献としては、役員に限定されないあらゆる階層の社員によりアントレプレナーシップが行われるという、現在のCEに通じる原型が示された点にあるものと考える。

Ⅱ．研究動向

　ここまでコーポレート・アントレプレナーシップ（CE）の歴史的源流について説明してきたが、その研究が確立され、活発化するのは1970年代後半以降となる。CEの近接概念には、コーポレート・ベンチャリング（以下、CV）があり、「社内外の資源を活用し、既存または新規の分野・市場・産業にて、事業創造を行うための、組織の仕組、プロセス、実践の集合体」[20]と定義される。なおCEおよびCVの国際ジャーナルの論文数の推移は、図1-1の通りとなる[21]。図1-1から、CEとCVの論文数は、いずれも一貫して増加傾向にあるが、より細かく比較

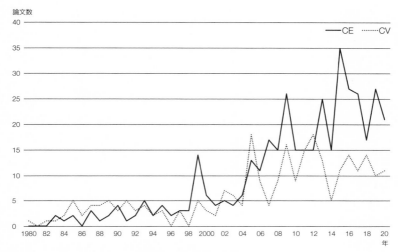

図1-1　CE および CV に関する論文数の推移
（出所）筆者作成

した場合、その推移はやや異なっている。こうした背景には、CE 研究の進化の歴史が存在する。

　CE 研究について 1970 年代には、（社内）ベンチャーの経営チーム形成や、既存組織内でアントレプレナーシップが開発される方法といったテーマが中心となっている。1980 年代に入ると CE は、異なるタイプの価値創造型イノベーションの開発を目的とし、（既存）組織による承認と資源へのコミットメントを求めるようなアントレプレナーシップとして概念化が進められている。例えば、官僚的組織構造ではアントレプレナーシップの実現が困難とされるほか、いかなる規模の組織でも、アントレプレナーシップは実現可能なだけでなく、促進されるべきと論じられている。このように 1980 年代の研究において CE は、（既存）組織のリニューアル（Organizational Renewal）のプロセスと位置づけている[22]。

　1970 年代〜 1980 年代の CE 研究の特徴として、第 1 に CE という現象を、「内部志向型コーポレート・ベンチャリング（以下、内部志向型

CV)」と同義とみなしている点が挙げられる。内部志向型 CV は、CE の組織的側面に焦点を当てており、代表的手法として「社内ベンチャー」が挙げられる。CE を「組織リニューアルのプロセス」とする上記の定義は、CE と内部志向型 CV とを同義とみなす内容と想定される。

　1970 年代～ 1980 年代の CE 研究の第 2 の特徴としては、「イノベーション」に着目された点が挙げられる。例えばバーゲルマン（Burgelman, R. A.）による一連の研究は、既存企業の戦略形成プロセス（戦略的行動・企業コンテクスト・戦略コンセプトの相互関係モデル）[23]、組織設計の代替案[24]といった観点から、イノベーションを通じた既存企業の CE について論じられている。さらにバーゲルマンは、新たな事業コンセプト構築を「テクノロジープッシュ（＝技術主導）」「ニーズプル（＝需要主導）」に分類したイノベーションモデルも示している[25]。

　このように 1970 年代～ 1980 年代には CE と CV が同義とみなされ、また現実のビジネスでも、社内ベンチャーに代表される内部志向型 CV が活発であったことから、図 1-1 の通り、CV に関する論文数がやや上回る結果となっている。

　その後、1990 年代に入ると、CE に関する論文数が大幅に増加するが、理由としては以下の 3 点が挙げられる[26]。第 1 に、アントレプレナーシップに関する研究領域が成長し、それに伴い CE に関する研究にも正統性が付与されたことが挙げられる。実際にこの時期、*Journal of Business Venturing*（*JBV*）、*Entrepreneurship Theory and Practice*（*ETP*）をはじめ、アントレプレナーシップの専門学術誌で CE に関する特集が組まれている。第 2 に、既存企業の再活性化と、イノベーション創出とリスク負担を計算する能力への社会的関心が高まった点が挙げられる。第 3 に、アントレプレナーシップという複雑な現象を簡単にとらえる信頼性の高い研究手法が開発された点が挙げられる。この時期の CE 研究の特徴としては、イノベーションを創出するスキルを開発し、企業能力を再活性化・強化する存在として CE が注目された点と、CE のより包括的な定義が形づくられた点が挙げられる。

　さらに 2000 年代に入ると、利益成長の基礎となる持続可能な競争優

位とCEを結びつける研究が散見されるようになる。具体的には、既存企業内で行われるCEの要素や、コーポレート・ベンチャーキャピタル投資（Corporate Venture Capital Investment：以下、CVC投資）をはじめとする外部志向型コーポレート・ベンチャリング（以下、外部志向型CV）における戦略的視点の探索、さらにはCEに関与するマネジャーの階層間の違いの検証などが挙げられる[27]。こうした流れを受けてCE研究の論文数は、図1-1の通り、世界的に増加することとなる。

　ここまでCE研究の世界的動向を説明してきたが、日本におけるCE研究は、金井一頼（Kanai, K.）により1992年に出版された英語論文'Corporate Entrepreneurship and Organization Learning'に遡る[28]。本論文では、1980年代のバーゲルマンの研究を引用しつつ、大阪ガスの社内ベンチャーを、企業変革と組織学習の観点から論じている[29]。こうして金井による先駆的研究は出されたものの、その後CE研究は空白期を迎え、現在のCE研究に近い議論が登場するのは、2010年代以降となる[30]。その背景には、日本のアントレプレナーシップ研究が立ち遅れ、2000年代から本格化したという要因が存在する[31]。

　このように日本ではCE研究が着目されない一方で、1980年代以降の日本企業の社内ベンチャーブームに伴い、日本のCV研究は独自の発展を見せる。具体的には創造的なベンチャー創出に向け、創出されたベンチャーを既存企業から分離する「S型（サテライト型）組織」や[32]、ベンチャー創出を通じた既存企業のドメイン変革のコンテクストとして、「フォーカス」、「サテライト」という2つのパターンが示されている[33]。このように日本では、内部志向型CVの分野を中心に、日本企業の実情をとらえた、緻密かつ包括的な実証研究が発展していく。

　これら内部志向型CVを中心とした日本のCV研究の発展について、世界的なCE研究の流れと対比した場合、2つの課題が存在する。第1の課題としては、CE＝CVとして、CEとCVとを同義にとらえている点が挙げられる。前述の通り、1970年代〜1980年代までは、CEとCVとの区分は必ずしも明確になっていなかった。しかし1990年代以降、CEの概念は拡張され、CVはCEの主要な要素であるものの、重

複する概念ではないという考えが主流となっている。一方、日本では2010年代以降も、CEとCVを同義としてとらえる研究も存在する[34]。

　第2の課題としては、日本におけるCV研究は内部志向型CVの議論が中心であり、外部志向型CVをはじめ、新たなCV概念が十分に取り込まれていない点が挙げられる。日本企業において、外部志向型CVが十分に行われない点については、1980年代から課題として指摘されている[35]。こうしたCV概念の拡張については近年、議論されつつあるものの[36]、より本格的な検討が求められる。

Ⅲ．研究領域

　CEに関する研究領域は、きわめて多岐にわたっている。例えば1990年代のレビュー論文ではCE研究について、積極性、リスク負担、イノベーション、イントレプレナーシップ、社内アライアンス、社外アライアンス、ベンチャーのインキュベーション、ベンチャーの着手、ベンチャーの買収、ベンチャーの機会追求、ベンチャー管理、CVC投資、事業の定義、競争アプローチ、報酬の適切な使用、マネジメント支援、資源の入手可能性、組織構造、経営環境、といった19の研究領域に分類されている[37]。

　一方で、CEに関する論文のキーワードの集計結果は、図1-2の通りとなる[38]。キーワードのうちビジネスの一般用語（business enterprise、management、corporations）や産業・経済の用語（industrial management、economic competition）を除くと、2種類に分けられる。第1に、CEにより創出されたベンチャーに関するキーワードであり、新事業会社（new business enterprise）、小企業（small business）などが含まれる。第2は、CEを創出する既存企業に関するキーワードであり、それらは①組織、②戦略、③イノベーションに細分化される。

　①組織に関するキーワードには、組織成果（organizational performance）、組織構造（organizational structure）、組織文化（corporate culture）、組織変革（organizational change）、組織学習（organizational

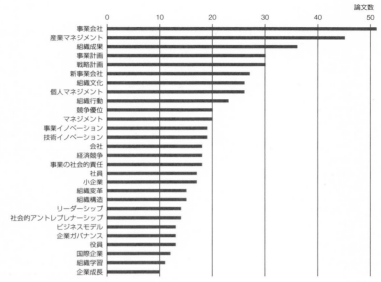

図1-2　CEに関する論文のキーワード
（出所）筆者作成

learning）組織行動（organizational behavior）など、多数の組織関連の用
語が含まれる。また、②戦略に関するキーワードには、事業計画
（business planning）、戦略計画（strategic planning）、ビジネスモデル
（business models）、競争優位（competitive advantage in business）などが
含まれる。最後に、③イノベーションに関するキーワードには、事業イ
ノベーション（innovation in business）、技術イノベーション（technological
innovation）が含まれる。

　以上の議論から、CEの研究領域としては、既存企業と創出されたベ
ンチャーの関係とともに、既存企業における、①組織、②戦略、③イノ
ベーションの3点が、議論の中心になることが明らかになった。よって
以降では、これらCEの研究領域の議論をベースに、その定義と構成要
素について、具体的に検討を行っていく。

注

1) CE 研究の歴史的遡行に際しては、EBSCOhost を用い、以下の条件で検索を行った。

　　　［使用データベース］

　　　『Business Source Complete』、『EconLit with Full Text』、『Regional Business News』

　　　［基本条件］

　　　以下のいずれかのキーワードをタイトルに含む学術誌（査読）を検索。

　　　CE ＝ "Corporate Entrepreneur" または "Corporate Entrepreneurship"

　　　［その他条件］（該当するデータベースのみ）

　　　出版物タイプ＝ Academic Journal

　　　言語＝英語（English）

2) Lewis (1937) p.535。

3) 同上 pp.535-536。

4) 同上 pp.537-538。

5) 同上 p.541。

6) 同上 p.542。

7) 同上 p.538。

8) 同上 p.541。

9) 同上 p.543。

10) ベンチャーを創出する企業について先行研究では、「（既存）組織」、「母体企業」とも表現されるが、本書では「既存企業」と統一する。

11) 以降の議論では、同書の最新版（第 4 版＝ Penrose (2009)）の記載を中心に議論を行う。

12) Penrose (2009) p.1。

13) 同上 pp.21-23。

14) 同上 pp.ix-xlvx。なお左記はペンローズの業績について、ピテリス（Pitelis, C. N.）が解説を行っている。

15) Penrose (2009) pp.28-29。

16) 同上 pp.32-37。

17) 新藤 (2015) p.11。

18) Penrose (2009) p.28。

19) 同上 pp.21-23。

20) Narayanan Yang, and Zahra (2009) p.59。

21) CE の論文数の算出に際し、注釈 1 と同条件で検索を行った。また、CV の論文数は、以下の［基本条件］のもと検索・算出を行った。

　　　［基本条件］

　　　以下のいずれかのキーワードをタイトルに含む学術誌（査読）を検索。

　　　CV ＝ "Corporate Venture" または "Corporate Venturing"

22) Kuratko and Audretsch (2013) pp.324-325。

23) Burgelman (1983)。

24) Burgelman (1984a)。

25) Burgelman and Sayles (1986)。

26) Zahra, Jennings, and Kuratko (1999) p.46。

27) Kuratko and Audretsch (2013) pp.325-326。

28) 日本における CE 研究の歴史的遡行に際しては、以下の条件でデータベース検索を行った。

　　　［使用データベース］

　　　『CiNii Articles』、『J-STAGE』

　　　［基本条件］

　　　以下のいずれかのキーワードをタイトルに含む論文を検索した。

　　　CE ＝ "Corporate Entrepreneur" "Corporate Entrepreneurship" "コーポレート・アントレプレナーシップ" "コーポレートアントレプレナーシップ" "企業内企業" "企業内起業"

　　　また検索結果のうち、社内企業家（Internal Entrepreneur、Intrepreneur）に関する論文は、内部志向型 CV に含まれることから除外した。

29) Kanai (1992)。

30) 嶋田 (2011)。

31) アントレプレナーシップ研究を主に取扱う「日本ベンチャー学会」が設立されたのは 1997 年であり、学会誌『ベンチャー・レビュー』の創刊は 1999 年となっている。

32) 榊原・大滝・沼上 (1989)。

33) 山田幸三 (2000)。

34) 小澤・氏家 (2011)。

35) 榊原 (1987) p.30。

36) 新藤・橋本・木川 (2019)。

37) Zahra, Jennings, and Kuratko (1999) pp.48-49。

38) キーワードの算出に際しては、注釈 1 と同様の条件にて検索を行い、シソーラス用語のサブジェクト別の論文数をグラフに表記した。検索の結果、最多のサブジェクトは "entrepreneurship"（283 件）となるが、［基本条件］のキーワード（corporate entrepreneurship）と重なるため、図 1-2 から削除した。

第2章

先行研究のレビュー

Ⅰ．定義と構成要素

　コーポレート・アントレプレナーシップ（以下、CE）については、先行研究にてさまざまな定義がなされている。シンプルな定義としては、「不確実性のマネジメントを通じて、個人のアイデアを集団の行動へと変換する既存企業のプロセス」[1]、「既存企業における新たなアイデアの開発と実施」[2]といった内容が挙げられる。これら定義をひと言でまとめると「既存企業により行われるアントレプレナーシップ」ということになる。

　アントレプレナーシップとは、「起業機会を実現するために行う組織づくりや起業機会の認識とそれに伴う活動、行動、そして機能のすべてを含む」[3]と定義される。日本では「起業家活動」「企業家活動」と訳されるが、単純化して説明すると、起業・創業に関する活動ということになる。アントレプレナーシップには、「独立型アントレプレナーシップ（Independent Entrepreneurship：以下、IE）」とCEの2種類が含まれる[4]。このうちIEは、既存企業から独立した、個人またはグループにより行われるアントレプレナーシップのことであり、特に限定なく「アントレプレナーシップ」という場合は通常、IEを意味している。

　ここまで「既存企業により行われるアントレプレナーシップ」というシンプルな定義について議論したが、CEという経営現象を捉える上では、やや不十分と考える。研究動向で論じた通り、CEとコーポレート・ベンチャリング（以下、CV）とは混同されてきた歴史があり、さら

に研究領域は多岐にわたっている。よってCEを定義する上では、どこまでがCEに含まれるか、言いかえれば、どの構成要素がCEに概当するかを明確にする必要がある。

　CEの構成要素については、レビューを中心とする先行研究において、明確化が試みられてきた。具体的には既存企業の「イノベーション／ベンチャー創出」「戦略リニューアル」というCEの要素を挙げた上、それに対して、環境、戦略リーダー、組織管理／組織形態、組織成果が影響するとするフレームや[5]、CEのタイプについて、「内部志向型／外部志向型」「公式／非公式」「ベンチャー創出／イノベーション」の軸で分類するフレームが示されたりした[6]。これらのフレームは、第1章の研究動向や研究領域で示されてきたCEの要素の一部を含むものの、必ずしもすべてを網羅するわけではない。CEの構成要素を包括的に網羅するフレームの例としては、図2-1が挙げられる[7]。

　図2-1にてアントレプレナーシップは、「独立型アントレプレナーシップ（IE）」と「コーポレート・アントレプレナーシップ（CE）」に分類される。またCEは「コーポレート・ベンチャリング（CV）」「戦略リニューアル」「イノベーション」により構成される。

　これらのうち「コーポレート・ベンチャリング（CV）」は「内部志向型コーポレート・ベンチャリング（内部志向型CV）」と、「外部志向型コーポレート・ベンチャリング（外部志向型CV）」に分類されている。内部志向型CVの次元としては、組織の自律性、（既存企業との）関連度、イノベーションの程度、スポンサーシップの特性、が挙げられる。また外部志向型CVの例として、ジョイントベンチャー、スピンオフ、CVC投資が挙げられる。

　一方、「戦略リニューアル」は、「自社の競争方法を抜本的に変更することで、市場や競合企業との関係性を再定義すること」[8]と定義され、「イノベーション」については、アントレプレナーシップの十分条件であっても必要条件ではないことから[9]、CVと戦略リニューアルに対して、点線の矢印で関係性が示されている。

　「コーポレート・ベンチャリング（CV）」「戦略リニューアル」「イノ

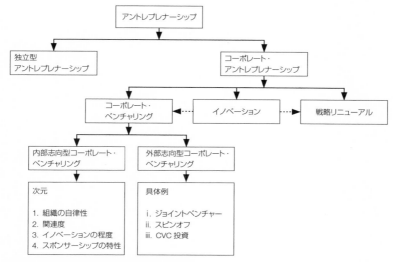

図2-1　CEに関する専門用語の階層
（出所）Sharma and Chrisman（1999）p.20

ベーション」というCEの要素は、その後の研究から図2-2の通り、①コーポレート・ベンチャリング（CV）、②戦略的アントレプレナーシップという2要素に集約されている[10]。

　図2-2では①コーポレート・ベンチャリング（CV）の種類について、内部志向型、協同型、外部志向型、という3種類に再編成されている。

　また図2-2では新たな要素として、②戦略的アントレプレナーシップが加わる。②戦略的アントレプレナーシップとは「競争優位を追求する中で採用される、重要な組織的イノベーションが表出したもの」、と定義される[11]。この組織的イノベーションは、製品イノベーションなどのイノベーションの議論とは異なる概念と考える。組織的イノベーションの分野としては、既存企業の戦略、製品提供、対象市場、内部組織、ビジネスモデルが挙げられており[12]、ここでのイノベーションは「幅広い分野の革新」を意味すると考えられる。さらに、②戦略的アントレプレナーシップの要素としては、既存企業の「戦略リニューアル」に加え、「持続的改革」、「ドメインの再定義」「組織の再活性化」「ビジネスモデ

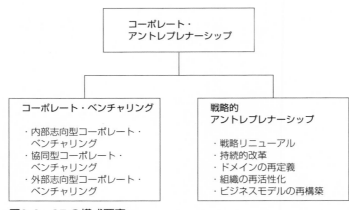

図2-2 CE の構成要素
（出所）Kuratko, Morris, and Covin（2011）p.86

ルの再構築」が含まれる。競争優位の追求という定義とこれら要素の具体的な内容を踏まえると、ここでいう②戦略的アントレプレナーシップとは、既存企業の戦略転換を意味していると考える。

　以上の議論からCEの要素は、「コーポレート・ベンチャリング（CV）」「戦略的アントレプレナーシップ」「イノベーション」に整理され、CEの領域は、図2-3により示される。これらの要素は、第1章で抽出されたキーワードである、「組織（＝CV）」「戦略（＝戦略的アントレプレナーシップ）」「イノベーション」と概ね対応するものである。なおこれら3つの要素の関係は、図2-3の3つの円の領域で示される。

　CEの構成要素である、「コーポレート・ベンチャリング（CV）」「戦略的アントレプレナーシップ」「イノベーション」はそれぞれ独立した概念であり、ここでは概念の大小を論じないことから、図2-3では等しい面積の円で示されている。また、これら3つの要素の重なる部分についてもまた、ここでは概念の大小を論じないことから、等しい面積で示されている。これら3つの要素とそれぞれが重なる部分については、①〜⑦の領域で示される。それら①〜⑦の領域のうち、どこまでを、CEの定義に含めるかについては、以下の2つの論点が存在する。

　第1に、要素が重なる④〜⑦の領域のうち、どこまでがCEに含まれ

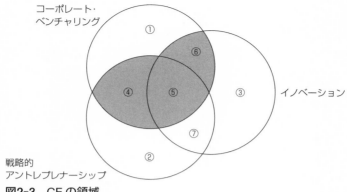

コーポレート・
ベンチャリング

① ⑥ ③ イノベーション
④ ⑤
⑦
②

戦略的
アントレプレナーシップ

図2-3　CE の領域
（出所）筆者作成

るか、という議論が存在する。このうち、図 2-2 で示した CE の要素である、「コーポレート・ベンチャリング（CV）」と「戦略的アントレプレナーシップ」とが重なる④〜⑤の領域は、コーポレートとアントレプレナーシップの両方を含む領域であり、CE に含まれる。

　また⑥の領域も、CE に含まれるものと想定される。アントレプレナーシップは、「起業機会を実現するために行う組織づくりや起業機会の認識とそれに伴う活動、行動、そして機能のすべてを含む」[13]と定義され、起業機会を認識・追求することが前提となる。⑥の領域では、イノベーションに基づいてベンチャー創出が行われることから、その過程で何らかの起業機会の認識・追求が行われると想定される。以上の結果、⑥の領域は、図 2-1 で論じたイノベーションがアントレプレナーシップの必要条件も満たす場合に該当するため、CE の定義に含まれると想定される。

　一方、⑦の領域については、必ずしも CE に含まれないと想定される。⑦の領域の具体例としては、研究開発を通じた既存企業のドメインの再定義や、独立したベンチャーのイノベーションが挙げられる。これらのうち、前者の経営現象は、CE というより、どちらかというと製品イノベーションに基づく多角化戦略と呼ぶべき領域と考える。また後者については、独立型アントレプレナーシップ（IE）に関する議論であ

り、そもそも CE の領域には含まれないと考える。

第 2 に、図 2-3 のうち各要素が純粋に存在する領域（①〜③）は、CE と定義されるべきか、という議論が存在する。①の領域は、コーポレート・ベンチャリング（CV）のみが純粋に行われ、戦略的アントレプレナーシップもイノベーションも伴わない領域となる。具体的には、アクセラレーションプログラムや社内ベンチャー公募制度など、既存企業の仕組、プロセス、実践を通じ、社内ベンチャーが創出される一方、既存企業のビジネスモデルの再構築も、イノベーションも発生しない事例となる。これらの事例では、単にベンチャーが設立されただけであり、起業機会を認識・追求といったアントレプレナーシップが発生しないことから、CE には含まれないものと考える。また、②の領域については、既存企業によるドメインの再定義や、ベンチャーによるビジネスモデルの転換にすぎず、必ずしも CE とは言えないものである。さらに③の領域も、イノベーションはアントレプレナーシップの十分条件にすぎないことから、CE には含まれないと考える。

これまでの議論から、図 2-3 のうち④〜⑥の領域が、CE の定義に該当するものと想定される。よって本書では CE を、「戦略転換またはイノベーションが行われ、ベンチャー創出を伴う、既存企業によるアントレプレナーシップ」と定義する。

II．コーポレート・ベンチャリング

1．形態と手法

コーポレート・ベンチャリング（以下、CV）については、「社内外の資源を活用し、既存または新規の分野・市場・産業にて、事業創造を行うための、組織の仕組、プロセス、実践の集合体」[14] と定義される。また CV の形態には、「内部志向型」「協同型」「外部志向型」があるが、その定義は以下の通りとなる[15]。

「内部志向型 CV」は、「既存企業により新事業が創造・所有されるベンチャー創出活動」と定義される。また「協同型 CV」は、「単一また

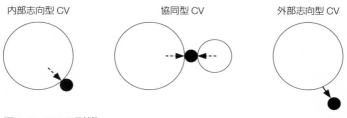

図2-4　CVの形態
（出所）筆者作成

は複数の外部の事業開発パートナーとの協力のもと、新事業が創造・所有されるベンチャー創出活動」と定義される。最後に「外部志向型CV」は、「社外で創造された新事業に対して、既存企業が投資・買収を行うベンチャー創出活動」と定義される。

　これら3種類のCV形態の違いについては、図2-4により表される。既存企業と創出されるベンチャーとの関係について、先行研究では、両組織の位置づけと経営資源の流れにより示されている[16]。よって図2-4でも、それらの研究に倣い、大きな白丸＝「既存企業」、小さな黒丸＝「ベンチャー」、矢印＝「経営資源の流れ」という形で示すことで、CV形態の違いを表現している。

　「内部志向型CV」の場合、定義の通り、母体となる既存企業の内部あるいはそれに近接する形でベンチャーが創出されることから、図2-4では、大きな白丸と小さな黒丸とが密接する形となる。また既存企業の内部の資源移転という形で、ベンチャーに資源が投下されることから、経営資源の流れについては、白丸内部の点線の矢印という形で示されている。

　「協同型CV」の場合、既存企業と外部の事業開発パートナーとの協力のもと、新事業が創造されるため、既存企業＝大きな白丸、事業開発パートナー＝少し小さな白丸、創出されるベンチャー＝小さな黒丸で示している。また、ベンチャーへの資源の投下は、既存企業と事業開発パートナーの内部で行われることから、「内部志向型CV」と同様、白丸内部の点線の矢印で示される。なお図2-4では、事業開発パートナーを

やや小さな白丸で表現しているが、後述する通り、協同型 CV の場合、事業開発パートナーが大企業とは限らないためである。

　最後に「外部志向型 CV」の場合、既存企業から社外のベンチャーに対して投資・買収が行われる。よって図 2-4 では、既存企業（大きな白丸）の外側に、小さな黒丸（ベンチャー）が位置し、独立した組織間の資源移転が行われることから、大きな白丸から小さな黒丸への実線の矢印が引かれる形となる。

　ここまで CV 形態の違いの説明をしてきたが、それとは別に CV 手法の例として、①新事業開発、②社内ベンチャー、③ジョイントベンチャー、④アライアンス、⑤ライセンシング、⑥ベンチャー育成、⑦ CVC 投資、⑧教育的買収、⑨企業買収、が存在する[17]。これらは CV の形態と対応する形で、3 つのグループに分けられる。

　第 1 のグループとして、①新事業開発（Internal Development）は、「既存企業に対して新たなビジネスを設立するために、社内資源を活用すること」を意味している[18]。また、②社内ベンチャー（Internal Ventures）は、「既存事業の流れのなかでは出てこない事業、すなわち既存事業の延長線上にはない新規事業を、社内資源を活用して創造する努力」を意味している[19]。これら①、②の手法は、既存企業により CV が創出されることから、「内部志向型 CV」に該当する。

　第 2 のグループとして、③ジョイントベンチャー（Joint Venture）は「新技術の開発・商品化や、研究開発・マーケティング・生産など多様な組織スキルの構築のため、2 社以上の既存企業により行われる新組織の形成」を意味する[20]。また④アライアンスは「複数の（既存）企業が共通の目標に向けて経営資源の分担を行う企業間の結びつきであり、他社の経営資源を活用する行為」を意味する[21]。

　これら③、④の手法は、単一または複数の外部の事業開発パートナーとの協力のもと、CV が創出されることから、「協同型 CV」に該当する。

　第 3 のグループとして、⑤ライセンシング（Licensing）は、「ライセンスを通じて（他社の）技術を買収することであり、企業全体を買収することの代替案になる」とされる[22]。また⑥ベンチャー育成（Venture

Nurturing）とは、「既存企業の外部の VC が投資したベンチャーに対して、資金のみならず人材および経営的支援を行い、経営に深く関与すること」を意味する[23]。⑦ CVC 投資とは、「戦略・財務の両目的に基づき非金融企業によって行われる、ベンチャー企業への株式投資」を意味する[24]。さらに、⑧教育的買収（Educational Acquisition）とは、「企業を直接買収することで、新事業に慣れた人材を獲得し、少額投資にもかかわらず、既存企業の人材を投資先と交流させることで、新事業に慣れさせること」を意味する[25]。最後に、⑨企業買収（Acquisition）とは、「合併することなしに、他社に対する支配権を獲得すること」となる[26]。これら⑤〜⑨の手法は、既存企業の社外で創造された新事業に対して、既存企業が投資・買収を行っていることから、「外部志向型 CV」に該当する。

　CV の手法の具体的内容と各形態との関係は以上の通りであるが、各手法の長所・短所は、表 2-1 により表される。また要求されるイノベーションの度合により、最適な CV の手法は異なるという議論もある[27]。具体的には、イノベーションの要求度合が高い場合は、①新事業開発と⑨企業買収が適しており、要求度合が低い場合は、⑦ CVC 投資と⑧教

表2-1　CV 手法の長所・短所

CV 手法	長所	短所
新事業開発	・既存資源の活用	・長い投資回収期間（平均 8 年） ・新市場の未知による失敗
社内ベンチャー	・既存資源の活用 ・才能あるアントレプレナーの社内留保の可能性	・成功度合の混在 ・既存企業の社内風土の不安定化
ジョイントベンチャー／アライアンス	・技術・マーケティングの統合による既存企業とベンチャーのシナジー効果 ・リスク分散	・パートナー間の潜在的コンフリクト
ライセンシング	・実証された技術への迅速なアクセス ・財務リスクの低減	・既存企業の技術コンピタンスと代替不能 ・技術独占不能 ・ライセンス提供者への依存
ベンチャー育成／CVC 投資	・新技術・新市場の窓の提供	・単独では企業成長の刺激とならない
教育的買収	・新技術・新市場の窓の提供と初期社員の確保	・CVC より高い初期の財務コミットメント ・アントレプレナーの離脱リスク
企業買収	・迅速な市場参入	・既存企業が未知な新事業分野

（出所）Roberts and Berry（1985）p.8 をもとに筆者作成

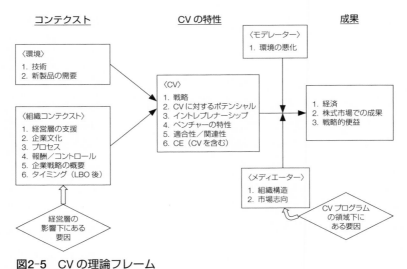

図2-5　CVの理論フレーム
（出所）Narayanan, Yang, and Zahra（2009）p.62

育的買収が適しており、それ以外の手法は、両者の中間に位置づけられるとされる。さらに、こうしたイノベーションの要求度合と、最適なCVの手法との関係は、新事業への最適参入戦略により表現される[28]。具体的には、「技術・サービス」「市場」の2軸において、参入する新事業が「既存」であるほど、イノベーションの要求度合が高く、①新事業開発、⑨企業買収が適している反面、参入する新事業が「新規で未知」であるほどイノベーションの要求度合が低いため、⑦CVC投資、⑧教育的買収が適しているとされる。

　ここまで、「内部志向型」「協同型」「外部志向型」というCVの形態と、①～⑨の手法との関係について説明してきたが、先行研究のレビューからCVを俯瞰的に捉えた包括的なフレームは、図2-5の通りとなる。

　CVの包括的フレームは図2-5の通り、「コンテクスト」「CVの特性」「成果」により構成される。「コンテクスト」とは、CVの背景となる要因のことであり、具体的には、技術や新製品の需要といった環境や、既存企業の組織コンテクストが含まれている。これら「コンテクスト」は「CVの特性」に影響を与え、さらに「CVの特性」は、モデレーターと

メディエーターの影響を受けながら、最終的に「成果」に影響を与える。なお「成果」については、既存企業の視点からの成果を意味しており、その具体的な内容としては財務に代表される「経済（的成果）」、株価に代表される「株式市場での成果」、既存企業の組織学習やオペレーションの統合などの「戦略的便益」が挙げられる。

　以上が、CV の形態・手法の関係性や、包括的フレームに関する説明となるが、一方で日本の CV 研究に目を向けると独自の発展を遂げたものの、いくつかの課題点も存在する。第 1 に、日本の CV 研究の場合、CV を限定的に捉えている点が挙げられる。具体的には、新事業開発、ライセンシング、アライアンス、企業買収、大学発ベンチャー、スピンオフについては、海外では CV 研究に含まれるが、日本では CV とは別個の領域として議論がなされている[29]。第 2 に、日本の研究では、内部志向型 CV 以外の形態について十分に議論されてこなかった。その原因としてこれらの CV 形態を理解する上では、「ファイナンス」「イノベーション」などの近接領域を複合的に理解することが必要となる[30]。これらの理論的課題を念頭に置きつつ、以降では各 CV 形態の詳細な論点について、説明を行う。

2．内部志向型 CV

　「内部志向型 CV」は前述の通り、「既存企業により新事業が創造・所有されるアントレプレナーシップ」と定義され[31]、その手法として、「新事業開発」「社内ベンチャー」が挙げられる。新事業開発は、「既存企業に対して新たなビジネスを設立するために、社内資源を活用すること」を意味する[32]。また社内ベンチャーは、「既存事業の流れのなかでは出てこない事業、すなわち既存事業の延長線上にはない新規事業を、社内資源を活用して創造する努力」を意味している[33]。

　表 2-1 で説明の通り、新事業開発の長所としては、現存する社内の経営資源を活用できることが挙げられている。また短所としては、損益分岐点に達するまで平均 8 年間かかり、成熟企業と同レベルの ROI に達するまで 10 〜 12 年かかるという結果から[34]、投資回収期間が長いほ

か、新市場の知識の不足により失敗につながることが挙げられている。社内ベンチャーの長所としては、現存する社内の経営資源を活用でき、才能あるアントレプレナーを社内に引き留められることが挙げられている。またその短所としては、成功と失敗が混在しており、必ずしも成功確率が高くはなく、社風の不安定化による影響を受けやすいことが挙げられている。

　このように新事業開発と社内ベンチャーとは微妙な違いがあるものの、一方で先行研究では両者を明確に区別する研究はほとんど見られない。よってここでは、内部志向型 CV の代表的手法である社内ベンチャーを中心に議論を行う。

　社内ベンチャーは、1960 年代に米国企業ではじめられ[35]、1970 年代に入ると日本でも導入されるようになる。具体的には、本業の成長が限界に達した製鉄業にて、経営資源の活用により、養鰻、放牧、レジャーなど非関連多角化を目指す新事業開発が推進されている[36]。なお社内ベンチャーの研究テーマは、①目的、②全社戦略との関係、③評価、④組織、⑤推進者、⑥成功要因に集約される[37]。

　①目的とは、既存企業が社内ベンチャーを創出する目的のことを意味している。既存企業の目的として「将来の繁栄」[38]「企業成長」[39]「意識的な脱成熟化の努力を通じた新しい成長戦略」[40]「多角化（＝複数事業による経営安定化）」[41]が挙げられている。これらの内容をまとめると、社内ベンチャーを創出する目的は、新事業開発を活用した企業成長と、多角化による企業の存続に集約される。

　②全社戦略との関係とは、既存企業の全社戦略と社内ベンチャーとの関係の議論である。社内ベンチャーが全社戦略にもたらす影響について、図 2-6 の通りバーゲルマンは、グループリーダー／社内ベンチャーリーダー、新事業開発部門のマネジメント、全社レベルのマネジメントの３階層に分類し、社内ベンチャーが全社マネジメントレベルに昇華されるプロセスモデルを提示している[42]。具体的には、グループリーダー／社内ベンチャーリーダーレベルでは、技術とニーズがリンクされ、製品として生存・擁護（Product Championing）されることで、事業化の可

レベル	コアプロセス		重ね合わせプロセス	
	定義	推進	戦略的背景	組織的背景
全社レベルの マネジメント	モニタリング	権威づけ	正当化	組織化
新事業開発部門の マネジメント	コーチング スチュワードシップ	戦略の構築	境界線の 明確化	交渉
グループリーダー 社内ベンチャーリーダー	技術とニーズの リンク	戦略的推進	門番機能 アイデア生成	問題提起

（注記）選択　組織の生存・擁護　製品の生存・擁護　密造酒製造

図2-6　社内ベンチャーのプロセスモデル

（出所）Burgelman（1984b）p.34

能性が示され、社内ベンチャーは戦略として推進される。その後、新事業開発部門のマネジメントレベルでは、社内ベンチャーは戦略的に構築され、新事業として境界線が明確になり、組織として生存・擁護（Organizational Championing）される。最終的に社内ベンチャーは、全社マネジメントレベルで選択され、正当化・組織化される。なお、日本の研究では、「創発性重視型」「戦略主導型」といった、プロトタイプの設計思想の類型化が行われるほか[43]、「社内ベンチャー制度」をはじめとする人事制度の議論が中心であり、社内ベンチャーを既存企業の戦略として位置づけた事例が見られない、という特殊性も指摘されている[44]。

　③評価とは、社内ベンチャーの成功・失敗の評価に関する議論であり、一般的に社内ベンチャーは、財務的な失敗が多いとされている[45]。既存事業とは異なり、社内ベンチャーでは財務指標ではなく、マイルストーンで評価することが一般的であるが[46]、明確な評価方法は定まっていない。また社内ベンチャーの場合、財務指標などの直接効果ではなく、得られる学習効果を評価するという研究も存在する[47]。

　④組織とは、社内ベンチャーを既存組織のどこに設置し、トップマネジメントが、どのように関与するかという議論である。既存事業部門の管理システムとプロセスは、不確実で脆弱な性質を持つ社内ベンチャーとは合わないため、既存企業の主流事業部門内に社内ベンチャーを設置するのではなく、別組織にすべきと論じられている[48]。また実証研究に

おいても、組織構造の分離が社内ベンチャーの成果にプラスの影響を与えるとされている[49]。さらにトップマネジメントの支援と社内ベンチャーの成功が強く関連していることも、指摘されている[50]。

⑤推進者とは、社内ベンチャーを推進するイントレプレナー（Intrepreneur）の資質・能力などに関する議論である。イントレプレナーという用語は、（既存企業の）社内で活動するアントレプレナー（Incorporate Entrepreneur）の略語であり[51]、既存企業と独立して起業するアントレプレナーとは、しばしば対比して使用される。

社内ベンチャーの成否は推進者の資質に依存する側面があるため、イントレプレナーの特性に関する研究も多い。例えばピンチョー（Pinchot III, G.）は、社内ベンチャーについて、多くの優秀な人材と豊富な資源の集まる既存企業内でアントレプレナーシップを行い、事業を始めることと定義している。さらに経済や技術の変化が大きい時代に勝ち残るのは、社員の知性、創造力、興味を最大限引き出す企業であるとして、クリエイティブな社員をイントレプレナーとして処遇する、組織やリーダーのあり方について提言を行っている[52]。

新事業開発の成功には、既存企業のトップマネジメントと、新事業の経営陣という異なるタイプのリーダーシップとマネジメントが必要とする議論もある[53]。また、社内ベンチャーのメンバーは、技術開発、製造、マーケティングなど多様な専門分野で構成され[54]、志願制でやる気のある人材を集めることが肝要とされる[55]。

イントレプレナーへの報酬については、社内ベンチャーへの参加を検討する際に行われるが、賃金と仕事の利益分配において、メリットとリスクの間のトレードオフが存在するとされる[56]。また、金銭的報酬により、既存企業の社員の嫉妬や不公平感を生み出したり、イントレプレナーへの支援が減らされたり、社内ベンチャーが妨害されたりする現象が指摘されている[57]。さらに少数の研究では、報酬以外の非金銭的要因（自律性、挑戦、仕事の満足度）も、社内ベンチャーを動機づけ、成果を上げる上で重要な役割を果たすとされる[58]。

最後に、⑥成功要因とは、社内ベンチャーの成功のカギに関する議論

である。ここまでの議論から、社内ベンチャーの成功要因としては、その意義を明確にし、全社戦略として位置づけ、既存企業の主流事業部門とは別組織として設置する点がカギとなる。また、トップマネジメントが関与しつつ、推進者として起業家精神に富むイントレプレナーを任命し、他のメンバーも志願制によりやる気のある人材を集めることが求められる。さらに社内ベンチャーの評価については、財務指標ではなくマイルストーンで評価することが重要であるとされる。

社内ベンチャーの成功要因に関するその他の議論としては、イントレプレナーの新事業分野でのキャリアの有無と、既存企業での経験により、社内ベンチャーの成否が分かれるとする研究や[59]、リスクや失敗を許容する組織文化を根づかせることが、社内ベンチャーの成功につながるといった事例研究が行われている[60]。

ここまで内部志向型 CV について、社内ベンチャーの先行研究を中心に説明を行ってきた。研究方法としては事例研究などの定性研究が中心となっているが、日本企業を対象とする事例研究は、欧米に比較してまだ蓄積が不足しているといえる。その背景には、例えば失敗を認めないといった、日本企業の情報開示における閉鎖性の存在が想定される。しかしながら、今後さらに進展するグローバル社会で継続的に新事業開発を行っていくためには、長期的な研究蓄積が必要であり、日本企業の特殊性についても明確にすることが必要と考える。

一方で日本においては、2000 年代以降、既存企業の内容も変化しつつある。具体的には、外資系企業によるインキュベーションやクラウドソーシングを活用した協同型 CV や、メガベンチャーによる CVC 投資や M&A を通じた企業成長などを受け[61]、伝統的な日本の大企業も、協同型 CV や外部志向型 CV をはじめとする、新たなベンチャー創出のスキームを導入しつつある。

よって以降では、新たな CV の形態である、「協同型 CV」「外部志向型 CV」について、その背景と先行研究を中心に、説明を行っていく。

3．協同型 CV

　「協同型 CV（Cooperative Corporate Venturing）」は前述の通り、「単一または複数の外部の事業開発パートナーとの協力のもと、新事業が創造・所有されるアントレプレナーシップ」と定義される[62]。既存企業と外部企業とが協同で新規事業を創出する行為そのものは新しい光景でもないが、「協同型 CV」という形態が CV 研究に登場したのは比較的最近のことである。1990 年代後半の研究では、図 2-1 の通り、CV の下位分類は、内部志向型 CV と外部志向型 CV といった、2 種類のみであり、協同型 CV という形態はまだ登場していない[63]。

　2000 年代に入ると協同型 CV の萌芽となる概念が登場する。2000 年代後半の包括的レビューでは CV の手法として、ライセンシング、M&A、CVC 投資と併せ、「ジョイントベンチャー（Joint Venture：以下 JV）」についても論じられる。ここで JV とは「新技術の開発・商品化や、研究開発・マーケティング・生産など多様な組織スキルの構築のため、2 社以上の既存企業により行われる新組織の形成」と定義され[64]、冒頭に挙げた協同型 CV の定義と類似した概念となっている。

　一方で、この包括的レビューでは、JV は外部志向型 CV に含まれており、独立した CV の形態として取り扱われていない。さらに、「M&A や JV といった手法は、CV 以外の複数の目的でも採用されることがあるため、これらの組織形態と CV の目的である新規事業創出との関連が曖昧である」とした上で[65]、JV と CV の分類との関係についての明確な言及は行われていない。よってここでは、JV と協同型 CV とは現象面としてオーバーラップする側面があるものの、基本的には全く別個の概念として取り扱う必要があると考える。

　独立した CV 形態として協同型 CV が論じられるのは、2010 年代以降であり、協同型 CV の前述の定義と図 2-2 のフレームが示される。なお類似の用語として「共同型コーポレート・ベンチャリング（Joint Corporate Venturing）」が存在するが、「社外に新事業を創造するために、既存企業が他の企業と共同出資を行う外部志向型 CV」と定義されており[66]、協同型 CV と同じ概念と解釈される。

このように協同型 CV は「新規事業の創出を目的として複数の主体が協同する形態の CV」というコンセンサスが形成されている反面、外部志向型 CV の 1 つの手法なのか、それとも独立した CV の形態なのかについて、統一的な見解は存在しない。また協同型 CV を論じる文献に共通する点として、理論的背景にほとんど言及されていない点がある。その理由としては協同型 CV という概念自体が、理論の構築からではなく、複数の既存企業が協同して新規事業を創出するという現象の観察から、導出されたことに由来するためと考える。

　実際に国内外で近年、さまざまな分野で既存企業がベンチャーとの協同による、イノベーションを創出する動きが活発となっている。海外における代表例としては、マイクロソフトやシスコシステムズの活動が挙げられるが[67]、日本においても、技術ライセンスや M&A により技術や知識を獲得することに加え、既存企業がベンチャーと協同を募るケースが増えてきている。例えば、「TOYOTA NEXT」（トヨタ自動車）、「KDDI ∞ Labo」（KDDI）、「湘南ヘルスイノベーションパーク」（武田薬品工業）のように、各産業を代表する既存企業が関与する例も枚挙にいとまがない。さらに、さらに新規事業が創造された事例としては、サイバーエージェントとテレビ朝日との協同によるインターネット放送局「Abema TV」の設立が挙げられる。

　ここまでの議論から、協同型 CV の概念は、必ずしも先行研究の理論体系から導出されたわけではなく、ビジネスの実践の場における、複数企業が協同しながらイノベーションや新規事業の創出事例の観察から、導出されたものと想定される。よって以降では、協同型 CV の理論的位置づけについて、分類学的に検討するのではなく、そもそもなぜ新規事業の創造に他企業との協同が必要なのか、またどのような時に協同型 CV が有効なのか、という点から検討を行うこととする。

　他企業との協同の必要性や協同型 CV の有効性について考えた場合、「吸収能力」という概念が 1 つの鍵になることがわかる。例えばビジネスの実践での CV と既存企業の事業戦略の関係について CV の戦略的活用の観点から 9 つの命題が導出されている[68]。なかでも、協同型 CV と

深く関連するのが、「戦略的にCVを活用する既存企業は、そうではない企業よりもCVを学習ツールとして扱う（命題5）」と、「戦略的にCVを活用する既存企業は、そうではない企業よりも、社内の研究開発投資を補完する形式で、外部志向型CVによる投資を行う（命題7）」といった命題が、挙げられている[69]。これらは、協同型CVのみを意味しているわけではないが、その導出過程で「吸収能力」の概念に言及しているため、外部の既存企業からの学習を想定していると考える。

「吸収能力」とは、組織外部の新たな知識の価値、それを獲得・吸収してから市場で活用するまでの広汎な能力を捉える概念となる[70]。「吸収能力」は、企業の研究開発活動の副産物であり、企業が持つ過去の関連知識（Prior Related Knowledge）の関数として、経路依存的、歴史依存的に発展していく。こうした「吸収能力」の概念に対しては、外部組織から学習可能であることと説明する能力、すなわち「生徒」の能力を捉えただけに過ぎないという批判も存在する[71]。

「生徒」の能力を捉えるだけでは不十分とされる理由として、学習には「受動的（Passive）」「能動的（Active）」「相互作用的（Interactive）」の3種類があり[72]、知識にも「情報」と「ノウハウ」が存在する点が挙げられる[73]。これらのうち、「情報」は「形式知（Explicit Knowledge）」であり、解読に必要な構文ルールが分かれば完全性を失わない[74]。他方「ノウハウ」は「暗黙知（Tacit Knowledge）」であり、粘着的[75]であるため、複雑で模倣や移転が困難なものである。

そのため、受動的または能動的な学習から獲得可能な知識は、「情報」に限られる傾向があり、暗黙的で複雑な「ノウハウ」を獲得するには、他者との相互作用を通じて学習する必要がある。よって企業がパートナーから学習する能力は、生徒の能力だけでは限界があり、こうした相互作用的な学習、すなわち「教師と生徒」のペアとして捉えられるべきと考える。

こうした「教師と生徒」のペアとして捉える考え方は「相対的吸収能力（Relative Absorptive Capacity）」と呼ばれ、「知識（Knowledge）」「知識処理システム（Knowledge-processing Systems）」「支配的論理（Dominant

Logic)」の類似性により規定される[76]。また類似の概念として、「パートナー固有的吸収能力（Partner-specific Absorptive Capacity）」があるが[77]、この概念では、提携企業との知識共有のルーチンの重要性が指摘されている。

　ここまで、他企業との協同の必要性や、協同型 CV が有効な場合について、「外部組織からの学習」の概念を中心に考えてきた。企業が学習を目的に CV を行う場合、知識そのものの性質や、知識の送り手（教え手）との関係性を考慮に入れつつ、実現形態を検討することが求められる。これらの議論に基づけば、協同型 CV が必要になるケースとしては、CV そのものに他社の知識や技術が必要になる場合が想定される。また単独での獲得が困難な暗黙的な知識や複雑な知識を学習する場合も、パートナー企業との協同が必要になると考える。

4．外部志向型 CV

　「外部志向型 CV」は「社外で創造された新事業に対して、既存企業が投資・買収を行うベンチャー創出活動」と定義され[78]、その具体的な手法例としては、コーポレート・ベンチャーキャピタル投資（Corporate Venture Capital Investment：以下、CVC 投資）のほか、ライセンシング、ベンチャー育成、教育的買収、企業買収、が挙げられる[79]。このように外部志向型 CV の手法は多様であり、そこから分離・独立した概念の「協同型 CV」との境界も曖昧となっている。その一方で、外部志向型 CV と CVC 投資とを同一とみなす研究も存在する[80]。よって外部志向型 CV の範囲を考察するため、CVC 投資と近接する手法である「企業買収」「アライアンス」「資本提携」とを比較すると、表 2-2 の通りとなる。

　表 2-2 から、既存企業が投資を通じて、ベンチャー創出を行う CVC 投資は、外部志向型 CV の定義を満たす反面、資本提携を伴わない「アライアンス」では投資・買収が行われないため、外部志向型 CV の定義からは外れるものと考える。一方で「資本提携」では、既存企業の投資を通じたベンチャー創出が行われるが、前述の「ジョイントベンチャー

表2-2 CVC投資と近接手法との比較

次元	企業買収	アライアンス （資本提携を除く）	資本提携	CVC投資
コントロール	完全	なし	限定的	限定的
投下資源	大規模	小規模	中規模	中規模
既存組織における 意思決定者の位置	法人全体	業務部門	業務部門	CVC部門
技術へのアクセス	完全な アクセス	限定的な アクセス	比較的深い アクセス	比較的深い アクセス
ビジネスモデル へのアクセス	完全な アクセス	限定的な アクセス	比較的深い アクセス	比較的深い アクセス
エクジット	エクジットなし	契約に基づく エクジット	事前に決まった エクジット（通常）	IPOまたは事前に 決まった企業売却

（出所）Keil, Zahra, and Maula（2016）p.263

（JV）」の定義と重なるため、協同型CVに含まれると考える。最後に「企業買収」では買収は行われるものの、エクジットはなく、既存企業と技術やビジネスモデルが完全に統合されることから、「ベンチャー創出活動」という定義を満たすかという点では、疑問の余地が残る。よって以降では、外部志向型CV＝CVC投資とみなした上、CVC投資を中心に議論を進めることとする。

　CVC投資とは「戦略目的と財務目的の両方の目的を満たすため、金融機関以外の既存企業により行われるベンチャーへの株式投資」と定義される[81]。なお、こうしたCVC投資の歴史は、1960年代まで遡ることができる[82]。

　1960年代中盤に発生した、第1次CVC投資ブームの背景として、既存企業の多角化傾向と過剰なキャッシュフローや、独立系ベンチャーキャピタル（以下、独立系VC）の成功があるとされる。当時CVC投資を行う企業には、ボーイング、エクソン、フォード、ハインツがあるが、1973年のIPO市場の崩壊、オイルショックによる経済悪化もあり、またCVC投資の財務的・戦略的成果が不十分であったことから、最終的に既存企業のCVC投資からの撤退が行われることとなる。

　1980年代初頭には第2次CVC投資ブームが発生する。1979年の従業員退職所得保障法（ERISA法）の修正とバイオテクノロジーやパソコン技術の発展により[83]、VC市場が活性化するとともに、技術主導の商

業機会が急拡大する。それにより化学や金属工業の先端企業が CVC 投資プログラムを開始したことに加え、テクノロジー企業（ヒューレット・パッカード）、製薬企業（ジョンソン・エンド・ジョンソン）が新たな CVC 投資プログラムを導入している。しかしながら 1987 年のブラックマンデーにより、独立系 VC とともに CVC 投資も大幅に減少する。

　さらに 1990 年代に入ると第 3 次 CVC 投資ブームが発生するが、その特徴は、技術の進歩、インターネット関連ベンチャーの爆発的増大、VC 投資の活発化の 3 点となっている。ニューズ、グラクソ・スミスクライン、テキサス・インスツルメンツ（TI）、デル（Dell）など多国籍企業が CVC ファンドを設立し、インテルなどでは投資信託が設立しされいる。その結果 2000 年の投資額は 160 億ドルに達し、VC 投資の 15％を占めるなど、既存企業は VC 産業の主要プレイヤーとなる。

　既存企業の投資形態には、アップル戦略グループなど既存企業がベンチャーに直接投資する「直接投資」、Dell Ventures など完全子会社を通じて投資を行う「完全子会社」、TI Ventures など、専用の VC ファンドを通じて投資を行う「専用 VC ファンド」が存在する[84]。また近年、これら形態のうち「直接投資」が急増しており、2015 年以降、他の形態による投資回数を上回っている[85]。

　CVC 投資のグローバルな年間投資額は、2018 年時点で 530 億ドルに達している[86]。また CVC ファンドの年間投資企業数について、2000 年の上位 3 社は、EDS（IT サービス）、ゼネラル・エレクトリック、アクセンチュア（コンサルティング）となっており、日本企業では光通信（携帯電話販売）がトップ 10 に入っている[88]。また 2007 年から 2008 年第 1 四半期の間には、インテル、ノバルティス（製薬）、ジョンソン・エンド・ジョンソンが上位 3 社となるほか、ディズニー（Steamboat Ventures）が 8 位にランクインしている[89]。なお、最新のランキングは、表 2-3 の通りであり、グーグル、インテル、セールスフォースなどの米国企業が上位を占める。一方で、レノボ、復星集団など中国企業や、カカオ、サムスン電子など韓国企業の CVC ファンドが躍進しており、その順位は目まぐるしく変化している。

表2-3 投資先企業数ランキング

2016年	2017年	2018年
1 Intel Capital(インテル)【米国】半導体	1 Google Ventures(グーグル)【米国】インターネット	1 Google Ventures(グーグル)【米国】インターネット
2 Google Ventures(グーグル)【米国】インターネット	2 Intel Capital(インテル)【米国】半導体	2 Salesforce Ventures(セールスフォース)【米国】インターネット
3 Salesforce Ventures(セールスフォース)【米国】インターネット	3 Salesforce Ventures(セールスフォース)【米国】インターネット	3 Intel Capital(インテル)【米国】半導体
4 Comcast Ventures(コムキャスト)【米国】通信	4 Qualcomm Ventures(クアルコム)【米国】半導体	4 Baidu Ventures(バイドゥ)【中国】インターネット
5 Qualcomm Ventures(クアルコム)【米国】半導体	5 GE Ventures(ゼネラル・エレクトリック)【米国】コングロマリット	5 Legend Capital(レノボ)【中国】コンピュータ
6 Cisco Investments(シスコシステムズ)【米国】ネットワーク	5 Legend Capital(レノボ)【中国】コンピュータ	6 SBIインベストメント(SBIホールディングス)【日本】金融
6 GE Ventures(ゼネラル・エレクトリック)【米国】コングロマリット	7 Microsoft Ventures(マイクロソフト)【米国】ソフトウェア	7 Alexandria Venture Investments【米国】不動産
8 Bloomberg Beta(ブルームバーグ)【米国】情報サービス	8 Fosun RZ Caipial(復星集団)【中国】コングロマリット	8 Kakao Ventures(カカオ)【韓国】インターネット
	8 K Cube Ventures(カカオ)【韓国】インターネット	9 三菱UFJキャピタル(三菱UFJ FG)【日本】金融
	10 Samsung Venture Investment(サムスン)【韓国】半導体	10 Fosun RZ Caipial(復星集団)【中国】コングロマリット

(出所) CB Insight (2017; 2018; 2019) をもとに筆者作成[87]

2000〜2018年にかけて、CVC投資の投資先地域では、米国が57.6％と最も高く、次いで中国（15.5％）、ドイツ（4.3％）の順となっている。また同期間の投資先産業は、情報技術（IT）が41.0％と最も高く、次いでヘルスケア（19.2％）、B2C（19.0％）となっている[90]。

日本においても、2010年代に入り、通信（KDDI）、インターネット（ヤフー）、家電（ソニー）など、多様な業種でCVCファンドが設立される[91]。2020年には、CVCファンドの設立数は年15件に達したほか[92]、投資金額も233億円と増加傾向にある[93]。一方で、設立年数が経つ

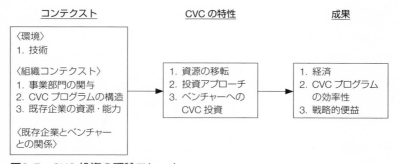

コンテクスト	CVC の特性	成果
〈環境〉 1. 技術 〈組織コンテクスト〉 1. 事業部門の関与 2. CVC プログラムの構造 3. 既存企業の資源・能力 〈既存企業とベンチャー との関係〉	1. 資源の移転 2. 投資アプローチ 3. ベンチャーへの 　 CVC 投資	1. 経済 2. CVC プログラム 　 の効率性 3. 戦略的便益

図2-7　CVC 投資の理論フレーム
（出所）Narayanan, Yang, and Zahra（2009）p.65

CVC ファンドほど、運用が順調でないという回答が増えており[94]、日本の CVC 投資はまだ黎明期にあると想定される。

　ここまで CVC 投資の歴史と現状を説明したが、これらはファイナンスと CV が融合したテクニカルな内容であり、図2-3の①の領域に該当することから、本書の議論では射程外となる。外部志向型 CV の分野では、CVC 投資を中心にテクニカルな実証研究が多いが、近年、理論の蓄積がなされつつある。

　なお CVC 投資の理論フレームは、図2-7の通り、「コンテクスト」「CVC の特性」「成果」により構成される[95]。このモデルでは、CV のフレーム（図2-5）と同様、「コンテクスト」が「CVC の特性」に影響を与え、「CVC の特性」が既存企業の「成果」に影響を与えている。なお「成果」の内訳は、テクニカルな問題である「CVC プログラムの効率性」を除くと、CVC 投資の ROI やキャピタルゲインなどの「財務的成果」と、新技術の獲得、社内イノベーションの促進、事業機会の追求などの「戦略的成果」の2種類に集約される[96]。

　最後に外部志向型 CV の研究のうち、CE に該当する内容（図2-3④～⑥）としては、「戦略的成果」の議論が挙げられる。このうち「戦略的アントレプレナーシップ」（図2-3④、⑤）と重なる内容には、CVC 投資や大型買収を通じて、投資ファンドのように既存企業のドメインをダイナミックに変化させる「F 型（ファンド型）組織」の議論が挙げら

れる[97]。また「イノベーション」（図2-3⑤、⑥）と重なる内容として、新技術の獲得、社内イノベーションの促進といった前述の「戦略的成果」の内容が挙げられる。また財務的成果よりも、新技術の追求などの戦略的成果に焦点を当てたCVC投資の方が、既存企業の企業価値を創出するという議論もある[98]。

Ⅲ．戦略的アントレプレナーシップとイノベーション

1．戦略的アントレプレナーシップ

　戦略的アントレプレナーシップ（Strategic Entrepreneurship：以下、SE）の概念は2000年代から発展するが、その歴史は学術的専門誌 *Strategic Entrepreneurship Journal*（*SEJ*）の創刊の経緯から、読み取ることができる[99]。*SEJ* 創刊の1つの大きな契機となったのは、その母体となる学術専門誌 *Strategic Management Journal*（*SMJ*）誌上で、2001年にSEの特集が組まれたことに遡る[100]。この特集は、ビジネスモデル論で有名なゲイリー・ハメル（Hammel, G.）の「不確実性と機会という新たな時代にいる」といったアイデアに基づくものであった[101]。そうした意味でSEは、その出発点から、ビジネスモデル論の影響を色濃く受けた概念であるといえる。

　2000年代にSEの概念が登場した背景には、ベンチャーと既存企業との相互補完性と、経営理論の分断という2つの要因が存在する。第1の要因としては、ベンチャーと既存企業とは、起業機会の明確化と競争優位性の開発・維持という同じプロセスに取り組むが、得意分野は真逆であり、相互補完的な関係にある点が挙げられる。具体的にはベンチャーと既存企業を比較すると、ベンチャーは、起業機会の明確化を得意とする一方、競争優位性の開発・維持は苦手とされている。反対に既存企業は、競争優位性の開発・維持を得意とする一方、起業機会の明確化は苦手とされている[102]。第2の要因としては、戦略論、アントレプレナーシップ論ともに、富の創出という観点から、環境変化への適応方法や、不確実性・不連続から生じる機会の追求という同じテーマに焦点を

当てながら、別個に議論されている点が挙げられる[103]。具体的には、上記のような同じテーマを扱いながら、大企業は「戦略論」の分野で、ベンチャーは「アントレプレナーシップ論」の分野で、それぞれ別個のものとして扱われている。「アントレプレナーシップ論」が、戦略論を含む既存の理論分野と別個に議論されることに対する課題は日本でも指摘されつつあるが[104]、活発に議論されているとは言えない状況である。

　こうした背景のもと、ベンチャーと既存企業を包含し、戦略論とアントレプレナーシップ論をつなぐ学術専門誌である *SEJ* が、2007 年に創刊されることとなる。

　戦略的アントレプレナーシップ（SE）の理論範囲は、戦略対アントレプレナーシップ、創造性・想像・機会、リスクと不確実性、イノベーション、変化、技術、アントレプレナーシップ・イノベーション・適用可能性、アントレプレナーシップの特性、アントレプレナーシップと経済成長、など多岐にわたる[105]。またその理論について、企業レベル（エージェンシー理論、リアルオプション、ネットワーク論）―環境レベル（制度論、環境論、システム論）―個人レベル（戦略選択論、トップマネジメント論、社会的アイデンティティ論）というように、より緻密に階層づけて整理する試みも見られる[106]。

　SE の代表的な定義としては「SE とは、アントレプレナーシップと戦略的マネジメント（Strategic Management）の視点や知識の融合体である」という内容が挙げられる[107]。この定義は、SE を包括的に捉えているものの、CV と重ならない SE の領域（図 2-3 ②、⑦）も含まれており、必ずしも前述の CE の定義とマッチするものではない。本書で論じる CE の観点をもとに、SE について定義をする場合、CV と SE が重なる領域（図 2-3 ④、⑤）を明確化する必要がある。その前提として、戦略と CV との関係を整理すると図 2-8 の通りとなる。

　CV と既存企業の戦略との関係については図 2-8 の通り、5 つのモデルが存在する[108]。これらのうちモデル 1 は、CV と既存企業の戦略とは無関係であることから、前述の CV と重ならない SE の領域（図 2-3 ②、⑦）に該当する。

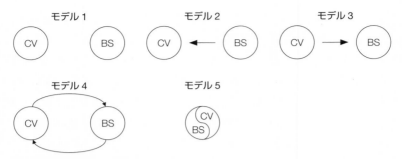

図2-8　戦略と CV との関係
(注) CV：コーポレート・ベンチャリング (Corporate Venturing)、BS：事業戦略 (Business Strategy)
(出所) Covin and Miles（2007）p.186

　CV と SE が重なる領域（図2-3④、⑤）に該当するのが、図2-8のモデル2〜5となる。モデル2は、既存企業の戦略により CV が推進されるパターンであり、モデル3は逆に、CV により既存企業の戦略が推進されるパターンである。さらに、モデル4は、既存企業の戦略と CV とが相互に因果関係を持つパターンであり、モデル5は、CV が既存企業の戦略そのものになるパターンである。スウェーデン、米国、英国の15社に対する調査では、モデル2、モデル4のパターンが多く、モデル3、モデル5は各1社ずつとなる[109]。中でもモデル5に該当する会社は、新製品比率25％以上という目標を持ち、エンジニアが就業時間の15％を自由に使用できるなどユニークな社内ベンチャー制度を持つ[110]、3M のみとなる。よって既存企業の戦略と CV との関係では、既存企業の戦略が起点となる場合が多く、CV が起点となる、または CV と既存企業の戦略がと一体化するパターンは限定的となる。以上の議論のもと、CV と SE とが重なる領域（図2-3④、⑤）を表現するために、本書では SE を「競争優位を追求する中で採用される、重要な（既存企業の）組織的イノベーションが表出したもの」と定義する[111]。
　ここまで戦略と CV との関係を中心に議論をしてきたが、上記を手がかりに、CE に含まれる SE の形態としては、①戦略リニューアル、②持続的改革、③ドメインの再定義、④組織の再活性化、⑤ビジネスモデルの再構築、の5つに分けられる。なお、それら5つの形態と起業に関

表2-4 戦略的アントレプレナーシップの形態

戦略的アントレプレナーシップの形態	起業イニシアティブの焦点	起業に関する事象	起業に関する事象の発生確率
戦略リニューアル	・既存企業の戦略	・新たな戦略の適用	低
持続的改革	・既存企業により提供される製品 ・既存企業のサービス提供市場	・既存製品カテゴリーへの新製品導入 ・(既存企業にとっては)新しいが、既存市場への既存製品導入	高
ドメインの再定義	・新たな競争空間	・新たな製品カテゴリーの創造 ・既存製品カテゴリーの再構築 ・新たな市場空間の創造 ・既存市場空間の再構築	低
組織の再活性化	・既存企業の組織構造、プロセス ・既存企業のケイパビリティ	・戦略実行の改善を目的とした、主な内部志向型イノベーションの実施	低〜中
ビジネスモデルの再構築	・既存企業のビジネスモデル	・新たなビジネスモデルのデザイン ・既存のビジネスモデルの再デザイン	低

（出所）Kuratko, Morris, and Covin（2011）p.99

する事象との関連は、表2-4の通りとなる。

　①戦略リニューアルとは、「競争方法の根本的変更を通じ、市場または産業上の競合企業との関係を再定義しようとする既存企業のアントレプレナーシップ」と定義される[112]。①戦略的リニューアルでは、既存企業の戦略に焦点が当てられ、新たな戦略の適用として出現するが、その発生確率は低いとされる。

　②持続的改革とは、「定期的かつ継続的に、新製品・新サービスを導入したり、新市場に参入したりする、既存企業のアントレプレナーシップ」と定義される[113]。②持続的改革では、既存企業により提供される製品やサービス提供市場に焦点が当てられる。また、既存製品カテゴリーへの新製品導入や（既存企業にとっては）新しいが既存の市場への既存製品として出現し、その発生確率は高いとされる。

　③ドメインの再定義とは、「他社が認識あるいは積極的に開拓してこなかった、新製品・新市場の領域を積極的に創造する、既存企業のアントレプレナーシップ」と定義される[114]。③ドメインの再定義では、既存企業の新たな競争空間に焦点が当てられる。また、「新たな製品カテゴリーの創造」「既存製品カテゴリーの再構築」「新たな市場空間の創造」「既存市場空間の再構築」として現れるが、その発生確率は低いとされる。

　④組織の再活性化とは、「社内プロセス、組織構造、ケイパビリティ

を変更することにより、競争力を維持・改善しようとする、既存企業のアントレプレナーシップ」と定義される[115]。④組織の再活性化では、既存企業の組織構造、プロセス、ケイパビリティに焦点が当てられる。また、戦略実行の改善を目的とした、内部志向型イノベーションの実施として出現し、その発生確率は低〜中とされる。

　⑤ビジネスモデルの再構築とは、「市場価値を高める方法として、業務効率を改善したり、競合企業と差別化したりするために、既存企業が自社のアントレプレナー的思考を、中核となるビジネスモデルの設計または再設計に適用すること」と定義される[116]。⑤ビジネスモデルの再構築は、定義の通り、既存企業のビジネスモデルに焦点が当てられ、そのビジネスモデルの設計／再設計として現われるが、発生確率そのものは低いとされている。

　ここまで SE の形態について説明してきたが、これらの形態はいずれも既存企業の戦略転換、中でも「企業ドメイン」と「ビジネスモデル」の転換に集約されている。よって以降では、「企業ドメイン」と「ビジネスモデル」に焦点を当て、説明を行う。

　ドメイン（Domain）は、領地・領土、学問領域、インターネットのドメイン名など幅広い意味で用いられる[117]。経営学では「組織体の活動の範囲ないしは領域のことであり、組織の存在領域」を意味し[118]、簡単に言うと、「自社は何屋さんか」を意味している[119]。ドメインには「企業ドメイン」と「事業ドメイン」があるが[120]、ここでは全社レベルを対象とする、既存企業の「企業ドメイン」の再定義が論点となる。

　「企業ドメイン」を定義する軸としては、顧客層、顧客機能、代替技術の３つの種類が存在する。顧客層とは、セグメントなど同一性に基づき分類された顧客のことであり、顧客機能とは、顧客の求める機能を満たす製品・サービスのことであり、代替技術とは、これらを遂行するための技術・方法のことである[121]。

　一方で「ビジネスモデル」は、ここでは「企業ドメインを具体化した包括的な事業の仕組」と定義する[122]。ビジネスモデルの要素の例としては、顧客への接触方法である「顧客とのインターフェース」、他社と

の競争方法である「コア戦略」、競争優位の裏づけとなる独自資源である「戦略的資源」、自社資源を補完・増強する「価値のネットワーク」が挙げられる[123]。これらは「企業ドメイン」を定義する軸（顧客層・顧客機能・代替技術）を具体化したものとされている[124]。

　以上の議論から SE ではベンチャー創出を通じて、既存企業の「企業ドメイン」の３つの軸の一部または全部が再定義され、それに伴い「ビジネスモデル」が再構築されるものと考える。なおその他にも CE に関連する SE の研究としては、知識のスピルオーバーや協同型イノベーションなどの研究も存在するが[125]、これらイノベーションから見た SE の研究は、以降で議論を行うこととする。

２．イノベーション

　イノベーションとは、本来非常に広範な現象を捉える概念である。具体的には、①消費者の間でまだ知られていない新しい財貨や新しい品質の財貨、②新しい生産方法、③新しい販路や従来参加していなかった市場の開拓、④原料や半製品の新しい供給源の獲得、⑤新しい組織の実現、という５つの現象が含まれる[126]。こうした定義に基づけば、必ずしも既存企業内での CV や戦略的アントレプレナーシップ（以下、SE）によってのみイノベーションが生み出されるものでない。

　また前述の図 2-1 の議論では、CE の構成要素として、CV、戦略リニューアル、イノベーションが挙げられているが、そのうちイノベーションは、独立して観察される現象というよりも、CV や戦略リニューアルの結果として生じる現象と捉えられる[127]。他方、イノベーションを伴わない CV や戦略リニューアルという状態も起こりうるため、イノベーションは CE の十分条件ではあるが必要条件ではないとされる[128]。よってここでは、CE の結果として生じるイノベーション、具体的には前述の CV や SE を伴うイノベーションがどのような性質を持つものなのかについて検討する。

　CE とイノベーションとの関連については、第１章のバーゲルマン（Burgelman, R. A.）による一連の研究に遡る。バーゲルマンによれば、

新たな事業機会に対する、効果的な事業コンセプトの構築には、テクノロジープッシュ（＝技術主導）とニーズプル（＝需要主導）のどちらかに偏るのではなく、両者の二重結合が必要とされている[129]。その具体例としては、アップルの取締役会副議長だったスティーブ・ジョブズが、プログラムツールである「スモールトーク」を新型パソコン「Lisa」のユーザーインターフェースなどの機能に採用した例が挙げられる[130]。1979年にゼロックスのパロアルト研究所を訪問したジョブズは、スモールトークの重要性を誰よりも見抜き、訪問から7カ月後、開発を補佐したローレンス・テスラーをアップルで採用したとされる。

　上記の例からも明らかな通り、イノベーションが創出した価値を獲得できるのは、必ずしも創出した企業になるとは限らない[131]。こうしたイノベーションの価値獲得を示すものとして「専有可能性（Appropriability）」という概念が存在する。この専有可能性の実現方法について、日米の幅広い産業を対象とした調査としては、カーネギーメロン調査（Carnegie Mellon Survey）が挙げられる[132]。

　カーネギーメロン調査では、イノベーションの専有可能性を確保する手段として、①技術情報の秘匿、②特許による保護、③特許以外による法的保護、④製品の先行的な市場化、⑤販売網／サービス網の保有・管理、⑥製造設備／ノウハウの保有・管理、⑦生産設計／製造設計の複雑性を質問項目として挙げている。これらを整理すると、法的保護（②、③）、模倣困難性の実現（①、④、⑦）、補完的資産（Complementary Assets）[133]の内製化（⑤、⑥）の3つに集約される。

　調査の結果、どの要因がどの程度、専有可能性に影響を与えるかについては、産業により異なっている。医薬品産業や医療機器産業では、法的保護が有効となる反面、電子機器、コンピューター、自動車産業では、法的保護よりも製品の先行的な市場化の方が専有可能性の確保に有効とされている。またガラス製品や基礎金属産業では、補完的資産の内製化が重要であるとされている。

　このようにイノベーションの専有可能性を確保する手段として、技術の法的保護や模倣困難性の実現ではなく、補完的資産が有効になる場合

が存在する[134]。産業に新たなイノベーションが登場した際には、主なイノベーションは製品の頻繁で大幅な変化（製品イノベーション）が中心となるため、イノベーションの担い手も柔軟な技術的アプローチを採用できるベンチャーが中心となる。一方で、市場に広く受入れられた支配的設計（ドミナントデザイン）が登場すると、イノベーションの焦点は生産性向上（工程イノベーション）にシフトする。それに伴いイノベーションの担い手も、大規模な生産設備を持った少数の大企業へシフトしていく[135]。

　前述の通り製品イノベーションから創出される価値を獲得できるのは、必ずしも中核技術の所有者ではなく、補完的資産を所有する企業や、効率的に工程イノベーションを行う企業になる[136]。こうした現象はニッチ市場ではやや珍しいものの、消費者の好みが均質な大衆市場では起こりうる。よってこうした市場では、中核技術の法的保護や、技術の模倣困難性の追求よりも、補完的資産を内製化し、工程イノベーションにより生産性を向上する方が、専有可能性の確保に結びつく。

　ひとたびドミナントデザインが確立し、工程イノベーションに焦点が移ると、同一性能＝低コストまたは同一コスト＝高性能な製品を生産する、漸進的（Incremental）な製品イノベーションにシフトする。こうした活動は、特定の技術体系を精緻化させるプロセスであり、生産設備を持った大企業に有利に働く[137]。

　その反面、ドミナントデザインの変更を伴う急進的（Radical）なイノベーションや、製品アーキテクチャの変更を伴うイノベーションが登場すると、既存企業が蓄積してきた資源が、新たな技術体系への適応を阻害するリスクが指摘されている[138]。

　以上につき、先行研究をもとに整理を行うと[139]、表2-5の通りとなる。確立された技術パラダイム内では、顧客の要求による技術進歩の方向づけである「技術トラジェクトリ」と既存企業の能力とを一致させる力が働く。その結果、技術は連続的に進歩することから、既存企業に有利な、漸進的な製品イノベーションや工程イノベーションが発生する。他方、新しい技術パラダイムが登場した場合、新しいドミナントデザイ

表2-5　イノベーションに対する企業の適合関係

イノベーションの種類	技術パラダイム	適合性	
		既存企業	ベンチャー
製品イノベーション （急進的）	新規	×	○
製品イノベーション （漸進的）	既存	○	×
工程イノベーション	既存	○	×

（出所）筆者作成

ンの登場や製品アーキテクチャの変更が発生し、既存企業の適応が困難となることから、これらパラダイムはベンチャーに有利に働いていく。

　先行研究では、この問題への対応として、既存の技術パラダイムと新しい技術パラダイムに取り組む組織を完全に分離するという解決策が示されている[140]。この議論はCVとイノベーションが重なる領域であり、前述の図2-3⑤、⑥に該当する。

　一方で、表2-5の技術パラダイムの新旧の軸だけでは、説明に限界が生じる。具体的には、新しい技術パラダイムと呼べる製品イノベーショも、顧客の関心の点では画期的ではないかもしれないし、漸進的な製品イノベーションでも、結果的に新たな市場を創出する可能性もある[141]。例えば、1990年代のハードディスクドライブ（HDD）市場では、サイズ別にセグメントがされていた。その後、各セグメントの主流HDDが漸進的な製品イノベーションを繰返した結果、記録容量が向上し、下位のサイズのHDDに駆逐されることとなる[142]。

　ここまでの議論から、イノベーションを分類する際は、技術パラダイムの新旧だけでなく、既存市場との関係の軸が求められる。これらを前述のSEとCVの議論と結合すると、図2-9の通り整理される。既存市場との関係のうち「破壊（新市場の創出）」の部分は、SEを伴うイノベーションの領域と想定される。その理由として、前述の通りCEに含まれるSEの形態には、①戦略リニューアル、②持続的改革、③ドメインの再定義、④組織の再活性化、⑤ビジネスモデルの再構築、が含まれ、これらの行為は既存市場の破壊や新市場の創出を伴うと想定されるため

図2-9　変革力マップに基づく分類
（出所）Abernathy and Clark（1985）に基づき筆者作成

である。一方で、新規の技術パラダイムの部分は、CV を伴うイノベーションの領域になると想定される。その理由として、新規の技術パラダイムによる急進的な製品イノベーションは、表2-5の通り、ベンチャーとの適合性が高いとされているためである。

　以上の整理の結果、CE におけるイノベーションには、「新規の技術パラダイムにより新市場を創造するイノベーション」と「新規の技術パラダイムにより既存市場の顧客へ価値を提供するイノベーション」の2種類が存在する。前述の図2-3において、前者は⑤の領域に該当する、SE と CV の両方を伴うイノベーションとなる。また後者は⑥の領域に概当する、CV 活動のみが求められるイノベーションとなる。

Ⅳ．理論フレームと事例の位置づけ

　ここまでコーポレート・アントレプレナーシップ（CE）の要素として、コーポレート・ベンチャリング（CV）、戦略的アントレプレナーシップ（SE）、イノベーション、という3種類があり、図2-3により表してきた。また各要素の重なりから、図2-3④～⑥の領域が CE に該当するとした上で、CE について「戦略転換またはイノベーションが行われ、ベンチャー創出を伴う、既存企業によるアントレプレナーシップ」と定義を行った。さらにその後、CV、SE、イノベーションのより詳細

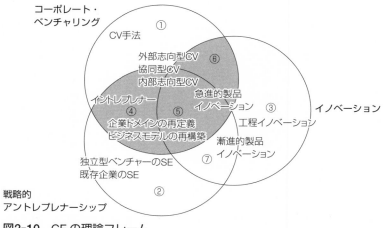

図2-10　CEの理論フレーム
（出所）筆者作成

な論点を提示した上で、CEの理論範囲の明確化に努めてきた。これら
の議論の結果、本書におけるCEの理論フレームは、図2-10により表
現される。

　図2-10は、前述の図2-3をベースとし、その上に3つの要素の詳細
な論点をプロットしたものである。第1にCVの論点のうち、新事業開
発、社内ベンチャー、ジョイントベンチャー、アライアンス、ライセン
シング、ベンチャー育成、CVC投資、教育的買収、企業買収といった
「CV手法」は、母体企業の戦略転換やイノベーションに単体では影響
を与えないため、CV単独の領域である図2-10①にプロットされる。
また「イントレプレナー」は、社内で活動するアントレプレナーの略語
であり、CVとSEを包含する概念となる。一方「イントレプレナー」
は、ヒトに関する概念であり、イノベーションを含めないことから図
2-10④にプロットされる。さらに内部志向型、協同型、外部志向型と
いう「CV形態」の議論は、CVの概念だけでなく、SE、イノベーショ
ンと重なる部分もあることから図2-10④〜⑥と①との境界にプロット
される。なお3つのCV形態のうち、外部志向型の場合、ファイナンス
との境界領域であり、協同型も、複数の既存企業が協同で新規事業を創

出する現象から導出された概念であり、CV 手法により近い位置づけになると想定される。

　第2に CE の論点のうち、「独立型ベンチャーの SE」と「既存企業の SE」は、既存企業とベンチャーそれぞれにおける SE にすぎず、両者は交わらないことから、SE 単独の領域である図 2-10 ②にプロットされる。その一方で、戦略リニューアル、持続的改革、ドメインの再定義、組織の再活性化、ビジネスモデルの再構築などを集約した「企業ドメインの再定義」と「ビジネスモデルの再構築」は、前述の通り、CE に含まれるため、CV と重なる図 2-10 ④、⑤の領域にプロットされる。

　第3にイノベーションの論点のうち「工程イノベーション」は表 2-5 の通り、既存企業との適合性が高く、また図 2-9 の通り、既存技術で既存市場を維持する形になるため、図 2-10 ③にプロットされる。「漸進的製品イノベーション」は表 2-5 の通り既存企業との適合性が高いが、それらのうち既存市場の破壊と新市場創出を伴うものは、図 2-9 の区分により、図 2-10 ⑦にプロットされる。最後に「急進的製品イノベーション」については表 2-5 の通り、ベンチャーとの適合性が高く、また技術パラダイムも新規であり、図 2-10 ⑤または⑥の領域にプロットされる可能性が高い。これらを細分化すると、図 2-9 の通り、既存市場の破壊と新市場創出を伴うものは図 2-10 ⑤に、既存市場を維持するものは図 2-10 ⑥に、プロットされる。「漸進的製品イノベーション」「急進的製品イノベーション」のいずれについても、ベンチャー創出を伴うとは限らないため、一部は図 2-10 ③の領域に含まれる。

　ここまで、図 2-10 の CE の理論フレームについて説明してきたが、これらは先行研究から導出されたフレームにすぎず、堅牢な仮説構築には至っていない。よって以降では事例研究を通じて、仮説としての CE に関するモデル構築を試みる。

　本書では、パナソニック株式会社、ANA ホールディングス株式会社、バイエル薬品株式会社、ソフトバンクグループ株式会社という4社の事例について議論を行っていく[143]。これら4社については、電機、航空、製薬、ICT と多様な業種構成となっており、その属性も、国内

表2-6　各事例の位置づけ

	CV 形態			戦略的 アントレプレナーシップ	イノベーション
	内部	協同	外部		
パナソニック株式会社	◎	-	○	○	○
ANAホールディングス 株式会社	◎	○	-	○	-
バイエル薬品株式会社	-	◎	-	-	○
ソフトバンクグループ 株式会社	○	○	◎	○	-

（出所）筆者作成

既存企業、外資系企業、メガベンチャー、と多岐に渡る（表2-6）。
　パナソニック株式会社の事例では、従来の社内ベンチャーに加えて、近年ではCVC投資などの外部志向型CVも行うことで、戦略リニューアルとイノベーションを実現している。またANAホールディングス株式会社の事例では、異なるCV形態をとることで2社のLCCを創出し、最終的に既存企業の企業ドメインの転換へとつながっている。さらにバイエル薬品株式会社の事例では、外資系製薬メーカーという特殊な背景のもと、オープンイノベーションセンターによる協同型CVの場を設定することで、既存企業のイノベーションへとつなげている。最後にソフトバンクグループ株式会社の事例では、株式公開後の約30年間を通じて、内部志向型→協同型→外部志向型とCV形態を進化させつつ、自社の企業ドメインを抜本的に転換している。なお事例の選択に際しては、内部志向型、協同型、外部志向型というCV形態を網羅しつつ、なおかつ戦略的アントレプレナーシップまたはイノベーションを何らかの形で実現する、既存企業を選択している。よって以降では、これら4社の事例の詳細を説明した上で、CEに関するモデル構築を試みていく。

注

1) Chung and Gibbons（1997）p.13。
2) Hornsby, Kuratko, and Zahra（2002）p.253。
3) Bygrave and Zacharakis（2011）p.1。
4) Sharma and Chrisman（1999）p.18。
5) Guth and Ginsberg（1990）p.7。
6) Zahra, Jennings, and Kuratko（1999）p.52。
7) 以下、図2-1の説明はSharma and Chrisman（1999）に依拠している。
8) Kuratko, Morris, and Covin（2011）p.98。
9) Sharma and Chrisman（1999）pp.17-18。

10) 以下、図 2-2 の説明は、Kuratko, Morris, and Covin（2011）、Kuratko and Audretsch（2013）に依拠している。
11) Kuratko and Audretsch（2013）p.330。
12) 同上 p.229。
13) Bygrave and Zacharakis（2008）訳書 p.2。
14) Narayanan, Yang, and Zahra（2009）p.59。
15) Kuratko, Morris, and Covin（2011）p.86。なお "Entrepreneurial Activity" という用語が "Venturing" と同義で用いられていることから、ここでは「ベンチャー創出活動」という訳語を用いている。
16) Keil（2002）p.14、榊原・大滝・沼上（1989）p.313。
17) Roberts and Berry（1985）pp.5-9、和田（2019）pp.15-20。
18) Roberts and Berry（1985）p.5。
19) 榊原・大滝・沼上（1989）p.7。
20) Narayanan, Yang, and Zahra（2009）p.59。
21) 安田（2016）pp.11-16。
22) Roberts and Berry（1985）p.6。
23) 和田（2019）p.17。
24) Narayanan, Yang, and Zahra（2009）p.59。
25) Roberts and Berry（1985）pp.8-9。
26) 小田切（1992）p.118。
27) Roberts and Berry（1985）pp.9-10。
28) 同上 p.13。
29) 新藤・橋本・木川（2019）p.2。
30) 同上 p.4。
31) Kuratko, Morris, and Covin（2011）p.86。
32) Roberts and Berry（1985）p.5。
33) 榊原・大滝・沼上（1989）p.7。
34) Biggadike（1979）p.110。
35) Birkinshaw, van Basten-Batenburg, and Murray（2002）p.10。
36) 橋本（2014）p.7。
37) Hill and Georgoulas（2016）、福嶋（2019）。
38) Peterson（1967）p.69。
39) Hanan（1969）p.45。
40) 榊原・大滝・沼上（1989）pp.5-6。
41) 加護野・山田（1999）p.89。
42) Burgelman（1984b）p.34。
43) 山田幸三（2000）。
44) 橋本（2014）。
45) Fast（1979b）p.265。
46) Hill and Georgoulas（2016）p.25。
47) McGrath, Venkataraman, and MacMillan（1992）p.88。
48) Hill and Georgoulas（2016）pp.21-22。
49) Peterson（1967）p.69。
50) Kuratko, Covin, and Garrett（2009）p.464、Peterson（1967）p.69、Fast（1979a）pp.222-223。
51) Pinchot Ⅲ（1985）p.xii。
52) 同上 p.4。
53) Block and MacMillan（1993）p.121。
54) Roberts（1968）pp.249-266。
55) Pinchot Ⅲ（1985）p.242。
56) Monsen, Patzelt, and Saxton（2010）p.123。
57) Birkinshaw, van Basten-Batenburg, and Murray（2002）p.16。
58) Block and Ornati（1987）pp.48-49。
59) Von Hippel（1977）pp.166-168。
60) Sykes（1986）p.280。
61) 新藤・橋本・木川（2019）pp.3-4。
62) Kuratko, Morris, and Covin（2011）p.86。
63) Sharma and Chrisman（1999）p.20。
64) Narayanan, Yang, and Zahra（2009）p.59。
65) 同上 p.59。
66) Covin and Miles（2007）p.183。
67) Iansiti and Levien（2004）、Furr, O'Keefe, and Dyer（2016）。
68) Covin and Miles（2007）pp.194-202。
69) 同上 p.197、p.199。
70) Cohen and Levinthal（1990）。
71) Dyer and Singh（1998）、Lane and Lubatkin（1998）。
72) Lane and Lubatkin（1998）pp.462-463。
73) Dyer and Singh（1998）、Kogut and Zander（1992）、von Hippel（1994）。
74) Kogut and Zander（1992）。
75) Von Hippel（1994）、Szulanski（1996）。
76) Lane and Lubatkin（1998）。
77) Dyer and Singh（1998）。
78) Kuratko, Morris, and Covin（2011）p.86。
79) Roberts and Berry（1985）pp.5-9、和田（2019）pp.15-20。
80) Narayanan, Yang, and Zahra（2009）、新藤・秋庭（2014）。
81) Maula（2001）p.9、Narayanan, Yang, and Zahra（2009）p.59。
82) Dushnitsky（2012）pp.162-163。
83) 同上 p.201。
84) 同上 p.179。

85）CB Insights（2019）p.17。
86）同上 p.11。
87）CB Insights（2017）p.21、同（2018）p.18、同（2019）p.17 に対して、既存企業の「企業名」「業種」「本社所在地」を加筆した。なお前述の CVC 投資の定義では、金融機関を母体とする企業は含まれないが、ここでは引用元の表記に従い記載している。
88）Asset Alternatives（2000）。なお原著の国内入手が困難なため、当該部分は Gompers（2002）p.7 より引用した。
89）Ernst and Young（2009）p.22。
90）Eckblad, Gutmann, and Lindener（2019）p.25。
91）青木（2018）pp.6-7。
92）株式会社 INITIAL（2021）p.68。
93）同上 p.40。
94）青木（2018）p.10。
95）Narayanan, Yang, and Zahra（2009）pp.64-65。
96）湯川・西尾（2011）p.131。
97）新藤・秋庭（2014）pp.38-39。
98）Dushnitsky and Lenox（2006）。
99）Wright and Hitt（2017）pp.200-202。
100）Hitt, Ireland, Camp, and Sexton（2001）。
101）Hamel（2000）pp.1-11。
102）Ireland, Hitt, and Sirmon（2003）p.966。
103）Hitt, Ireland, Camp, and Sexton（2001）p.480。
104）新藤（2015）p. ii 。
105）Wright and Hitt（2017）pp.202-203。
106）Mazzei, Ketchen Jr, and Shook（2017）p.637。Schindehutte and Morris（2009）pp.248-249。
107）Hitt, Ireland, Camp, and Sexton（2001）p.480、Ireland, Hitt, and Sirmon（2003）p.966、Mazzei, Ketchen Jr, and Shook（2017）p.631。
108）Covin and Miles（2007）pp.185-189。
109）同上 pp.189-191。
110）榊原・大滝・沼上（1989）pp.23-63。
111）Kuratko and Audretsch（2013）p.330。
112）Covin and Miles（1999）p.52。
113）同上 p.51。
114）同上 p.54。
115）同上 p.52。
116）Kuratko, Morris, and Covin（2011）p.101。
117）『E ゲイト英和辞典』。
118）榊原（1992）p.6。
119）新藤（2015）p.78。
120）金井（2006）pp.44-46。
121）Abell（1980）pp.170-173。
122）新藤（2015）p.150。Zott, Amit, and Massa（2011）p.1019。
123）Hamel（2000）pp.70-98。
124）新藤（2003）pp.83-85、新藤（2015）pp.204-206。
125）Cristo-Andrade and Ferreira（2020）、Ketchen, Ireland, and Snow（2007）。
126）Schumpeter（1981）p.66。
127）Sharma and Chrisman（1999）p.19。
128）同上 p.18。
129）Burgelman and Sayles（1986）pp.42-43。
130）同上 p.45。
131）Teece（1986）pp.286-287。
132）Cohen, Nelson, and Walsh（2000）、後藤・永田（1997）。
133）Teece（1986）pp.288-290。
134）同上 p.297。
135）Abernathy and Utterback（1978）。
136）Teece（1986）pp.287-290。
137）新宅（1994）。
138）Christensen and Rosenbloom（1995）、Henderson and Clark（1990）、Leonard-Barton（1992）。
139）Christensen and Rosenbloom（1995）、Dosi（1982）。
140）Christensen and Bower（1996）。
141）Abernathy and Clark（1985）。
142）Christensen（1997）。具体的には漸進的な製品イノベーションにより、メインフレーム（14→8インチ）、ミニコンピューター（8→5.25インチ）、デスクトップパソコン（5.25→3.5インチ）と HDD のサイズが縮小することとなる。
143）第3〜6章の事例については、各章の著者により執筆されたが、先行研究との整合性の確認、文言の統一（会社名表記、敬称の有無など）については、編者の責任により行われている。

第3章

パナソニック
——多面的な社内ベンチャーによる戦略転換への挑戦

I．概要

【社名】パナソニック株式会社

【設立】1935 年 12 月 15 日

【創業】1918 年 3 月 7 日

【代表】津賀一宏

【資本】2589 億円

【売上】7 兆 4906 億円

【事業】（売上構成比率）

アプライアンス＝ 31％、ライフソリューションズ＝ 23％、コネクテッドソリューションズ＝ 13％、オートモーティブ＝ 18％、インダストリアルソリューションズ＝ 15％

【社員】25 万 9385 名

【沿革】

1918 年　松下幸之助により大阪市福島区大開町に松下電気器具製作所設立創業、配線器具の製造を開始

1933 年　事業部制を創設

1935 年　松下電器産業株式会社を設立するとともに分社制を導入（家電を主軸とする総合電機メーカーとしてグローバルに事業展開）

1957 年　ナショナルショップ制度を創設[1]

1965 年　週 5 日制を導入

1989 年　創業者 松下幸之助 逝去

2001 年　中村邦夫社長による「選択と集中」の構造改革を実施（創業以来初の大幅赤字〔4278 億円〕を計上）

2008 年　会社名を松下電器産業株式会社からパナソニック株式会社に変更

2011 年　パナソニック電工株式会社、三洋電機株式会社を、株式交換により完全子会社化

2020 年　パナソニック ホームズ株式会社ほかの全株式を共同株式移転によりプライム ライフテクノロジーズ株式会社[2)]に移管

　パナソニック株式会社（以下、パナソニック）は、1918 年に創業者である松下幸之助が設立した松下電気器具製作所から事業をスタートしており、当初はアタッチメントプラグや 2 灯用差込プラグなどの配線器具の製造販売を行っていた[3)]。第二次世界大戦後の 1949 年に、東京証券取引所および大阪証券取引所に株式を公開し、1971 年には、ニューヨーク証券取引所に株式を公開し、グローバルに事業展開を開始している[4)]。1960 年代の高度成長期には、家電の三種の神器（テレビ・冷蔵庫・洗濯機）などを中心に前年比 130% の売上を記録し、会社として急成長を遂げる。1977 年には創業家である松下家以外から山下俊彦が社長に就任し、1989 年に創業者の松下幸之助は逝去する。その後、2000 年に社長に就任した中村邦夫により、肥大化した事業の構造改革が実施される。

　パナソニックの売上と当期利益の推移を示す（図 3-1）。2004 年には松下電工株式会社、2009 年には三洋電機株式会社を子会社化し、翌 2010 年には 3 か年中期計画において 2012 年度の売上目標 10 兆円[5)]を掲げたものの、薄型テレビと半導体事業の落込みや、東日本大震災／タイの大洪水などの自然災害の影響を受け、2011 年度に創業以来最大の約 7700 億円の赤字を計上する[6)]。その後、事業再編やリストラを継続しつつ、現在では 2022 年度の持株会社化を踏まえ、家電事業、住宅事業、

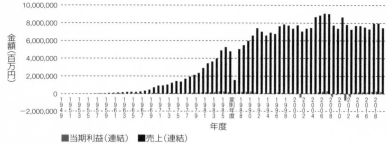

図3-1　売上・当期利益の推移
（出所）パナソニック株式会社（2019b）pp.54-55 をもとに筆者作成

車載事業、B2B 事業を展開している。直近の業績は、2019 年度の連結売上 7 兆 4906 億円、連結当期利益 2257 億円となる[7]。

Ⅱ．コーポレート・ベンチャリングの類型

　パナソニックのコーポレート・ベンチャリングの類型は、表3-1 の通りとなる[8]。内部志向型コーポレート・ベンチャリング（以下、内部志向型 CV）については、「ボトムアップ型」「トップダウン型」の 2 形態がとられているほか、外部志向型コーポレート・ベンチャリング（以下、外部志向型 CV）については、コーポレート・ベンチャーキャピタル投資（以下、CVC 投資）が実施されている。

　内部志向型 CV のうち、ボトムアップ型社内ベンチャーは、コーポレート部門が中心に展開した社内ベンチャー制度である、パナソニック・スピンアップ・ファンド（以下、PSUF 制度）が 2001 〜 2018 年にかけて展開されている。この間に、設立された企業数は 30 社であり[9]、そのうち 2021 年 3 月末段階で存続している企業は 5 社となる[10]。その後、2018 年からは、パナソニック内で家電事業を担う、パナソニック株式会社アプライアンス社（以下、AP 社）において、新規事業開発を支援する株式会社 BeeEdge（以下、BE 社）が設立され、BE 社により既に 3 社が創出されている[11]。

　トップダウン型社内ベンチャーからは、1996 年、1998 年に各 1 社が

表3-1　コーポレート・ベンチャリングの類型

類型／運営状況	内部志向型				外部志向型	
	ボトムアップ型		トップダウン型		CVC	
事業開発管理組織（所属ドメイン）	PSUF事務局（コーポレート）	BeeEdge社（AP社）	新事業開発部門（LS社）	イノベーション推進部門（コーポレート）	R&D部門（コーポレート）	PVL社（コーポレート）
運営期間	2001〜2018年	2018年〜	1996年〜	2017年〜	1998〜2017年	2017年〜
CV活動成果	・18年間で30社設立 ・5社継続	・4年間で3社設立 ・3社継続	・テクノストラクチャー事業 ・エイジフリー事業	・パナソニックβ：CE育成のための横断型組織活動	・18年間で40社に投資	・3年間で20社に投資

（出所）筆者作成

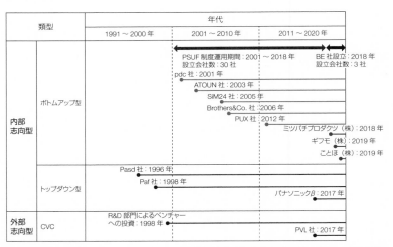

図3-2　コーポレート・ベンチャリングにより設立されたベンチャーの系譜
（出所）筆者作成

設立されているが、2社ともに2004年に子会社化された松下電工株式会社（以下、LS社）傘下の事業体であり、2021年3月末段階ではいずれも存続している[12]。また2017年には、コーポレート部門が中心となり、独立会社の形態をとらず、社内横断型新規事業開発組織であるパナソニックβを、米国シリコンバレーに開設した[13]。

　外部志向型CVであるCVC投資については、1998年からR&D部門の業務の一部としてベンチャーへの投資が行われていたが、2017年から新たにCVC投資を専門に行う投資企業が設立され、CVC投資を行う形態に変更されている[14]。

なお、以上のパナソニックのコーポレート・ベンチャリングにより創
出された、ベンチャーの系譜については、図3-2の通りとなる。

　以上をまとめると、パナソニックのコーポレート・ベンチャリングの
類型として、内部志向型CVと外部志向型CVとが存在する。また、よ
り詳細に見ると、既存企業側の運営組織については、コーポレートが中
心になる場合と社内ドメインが中心になる場合があるなど、多面的な手
法や管理形態がとられているという特徴がある。この背景としては、事
業部制組織を用いる企業の特徴である、（事業部単位で）自主独立性を重
んじる組織文化があるものと想定される。なお以降では、各類型を通じ
て創出されたベンチャーの事例を紹介するとともに、ディスカッション
を通じて、各事例から得られた課題について見解を示していく。

Ⅲ. ボトムアップ型社内ベンチャー

1. PSUF 制度の概要

　内部志向型CVの1つの形態である「ボトムアップ型」では、従業員
みずから手をあげて起業する社内ベンチャー制度が活用されている。社
内ベンチャー制度としては、2001年に、パナソニック・スピンアップ・
ファンド（以下、PSUF制度）が開始される[15]。当時のパナソニックは、
中村邦夫社長による「破壊と創造」を旗印とする構造改革の2年目に当
たり、聖域とされていた終身雇用の見直しや工場閉鎖が実施されてい
た。その結果、2001年度の赤字決算から、2002年度には、黒字へと転
じることになる[16]。

　PSUF制度の目的は、①社内のチャレンジ精神復活と起業家マインド
の具現化、②新規事業創出の機会拡大、③社内の休眠知財・ノウハウの
有効活用の3点であった[17]。前述のように、社内ベンチャー制度開始時
のパナソニックは、赤字からの脱却を目指し構造改革を推進している時
期に該当している。PSUF制度では、起業家育成という人事制度の一環
として全社戦略と連携する「トップダウン型」ではなく、人事上の処遇
課題と深く関係している「ボトムアップ型」が採られたのであった。

表3-2　PSUF制度の概要

項目	第一次ファンド	第二次ファンド
募集対象者	松下グループ社員	
ファンド総額	100億円	50億円
投資上限金額	1件あたり　5億円	
運用期間	2001年4月～2004年3月の3年間	2004年4月～2007年3月の3年間
設立会社数	19社	11社
運用期間	設立後3年目で単年度黒字、5年目で累損解消	

（出所）坂本俊弘（2004）p.2をもとに筆者作成

　PSUF制度の投資対象としては、「自社の経営理念、経営基本方針を逸脱しない」「自社の事業ドメイン周辺に位置するが、既存事業場では推進困難なもので、将来自社に変革をもたらすもの」という制約が設けられていた[18]。またPSUF制度の運用は、表3-2の通り、2001～2018年の18年間であり、第一次ファンド期間と第二次ファンド期間に分かれていた[19]。

　第一次ファンドの3年間では、1000名強の従業員がPSUF事務局に相談に訪れ、うち350件の応募があり、19社が発足することとなった[20]。第二次ファンドの期間を含めると、最終的に560件の応募があり[21]、30社が設立された[22]。

　ファンドの総額は、第一次ファンドで100億円であったが、第二次ファンドでは50億円へと減額されているが、その理由として、第二次ファンドでは、ベンチャーの収益を厳しく見極めることを重要視した点が挙げられる。具体的には、社外のベンチャーキャピタル幹部を招いて事業化の判断をきめ細かくしたり、PSUF事務局にパナソニックグループの社長経験者を配置することでベンチャーの経営支援体制を整えたりするなど、収益を高める工夫がなされている[23]。また、投資の上限金額は1件あたり5億円とされたほか、事業継続条件として、会社設立後3年目で単年度黒字、5年目で累損解消という基準が設定され、この基準が満たされない場合、ベンチャーを清算するという条件が適用された[24]。

　PSUF制度の募集から新会社設立までのステップは、図3-3の通りとなる[25]。募集から新会社設立までの期間は約半年、募集対象者は松下グループ社員[26]であり、ビジネスアイデアを持つ社員は上司を介さずにエ

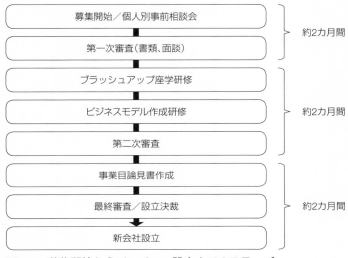

図3-3　募集開始からベンチャー設立までのステップ
(出所) 坂本（2004）p.2

ントリーすることができる。第一次審査では PSUF 事務局による書類
審査と面談審査を経て、ビジネスアイデアのブラッシュアップ座学研修
とビジネスモデル作成研修が行われる。第二次審査では、事業計画書で
ある事業目論見書が作成され、役員による厳しい評価と社長決裁が行わ
れる最終審査を経て新会社の設立が認められる[27]。

　制度全体を統括する PSUF 事務局の役割としては、新会社設立まで
の計画段階では、社内ベンチャー制度を利用して起業しようとする対象
者への新事業立案のための研修やアドバイスを行い、第二次審査以降で
は、事業目論見書作成支援や役員が参画する最終審査会の運営を担当し
ている。新会社の設立後、具体的に事業が開始されると、社内ベンチャ
ーの経営者が事業を推進するための人材面での支援や、パナソニック幹
部による経営実績審査会の運営を通じた、各種情報提供および事業の推
進状況の確認を担っている。さらに、事業が拡大する際には、事業拡大
に必要な人材支援・情報提供や上場の支援を行うなど、新事業の成長プ
ロセスにおける支援業務を担っている[28]。

2．PSUF 制度活用による会社設立の状況

　審査に合格して新会社設立に到った社員は、社内ベンチャーの経営者として元籍をパナソニックに残したまま、新会社へ出向する形態がとられており、給与や待遇は従来どおり保証されている。さらに、失敗して事業を清算することになっても、元の社員資格にもどることを可能にすることで、社内ベンチャーに手を挙げやすくしている。この点について、パナソニックで社内ベンチャーを運用する以上、（社内ベンチャーの経営者となる社員の）家族や子どもを不安にさせる制度運用はできないというように[29]、独立系ベンチャーの創業や、退路を断ってコーポレート・ベンチャリングを推進する他社と比べると、たいへん甘い制度であることは否めない[30]。

　社内ベンチャーの経営者は、PSUF 事務局の支援を得て、新会社の設立から始まり、事業運営に必要な人的経営資源の確保や財務・法務的な手続きもすべてみずからの力で推進しなければならないため、独立心旺盛な社員でないと務まらない。PSUF 制度によって生まれた社内ベンチャーの経営者には、技術系出身者が多いため、事業内容が製造分野に偏るほか、経営や営業に関する知識不足から販路開拓で苦労することが多かった[31]。一方、審査する側の幹部社員についても、製造業のみの経験者が多く、サービス業の提案は却下される場合が多い、という課題もあった[32]。

　PSUF 制度により設立された 30 社のうち、2021 年 3 月末段階で会社として存続している企業は表 3-3 の通りとなる。30 社のうち現存している企業は 5 社であり、内容を見る限り、技術開発型の事業が多いことが理解できる。設立当初は、いずれの企業もパナソニック 100％出資から出発しているが、前出のように経営者が技術系出身者であり、販路開拓で苦労していることから、出資企業として販売先を保有する可能性の高い事業体に加わってもらうことにより、売上拡大を図っていることが窺がえる。PSUF 事務局によると、創業後に既存事業体に吸収された事業も存在しており、会社として存在していない 25 社の事業のすべてが失敗に終わったとは言い切れないものと想定される[33]。

表3-3　PSUF制度による存続会社

社名	設立	事業内容	主要株主
ピーディーシー株式会社	2001年10月	電子看板の企画・販売	パナソニック株式会社 東日本電信電話株式会社 岡谷鋼機株式会社
株式会社ATOUN	2003年6月	リハビリスーツなどの開発	パナソニック株式会社 三井物産株式会社
株式会社SIM24	2005年4月	電子部品の熱解析	SiM24経営陣 パナソニック株式会社 JAPAN TESTING LABORATORIES株式会社
Brothers&Co.株式会社	2006年10月	楽曲と歌詞の自動組み合わせソフト	パナソニック株式会社
PUX株式会社	2012年4月	音声・顔などの識別ソフト開発	パナソニック株式会社 任天堂株式会社

（出所）各社ホームページをもとに筆者作成（閲覧日：2021年5月1日）

　PSUF制度は、第二次ファンドを最後に終了しており、運営組織であったPSUF事務局は、2018年12月31日付で発展的解消となっている。2021年3月現在、存続している5社については、PSUF事務局から業務を引きついだ、パナソニックの後継組織による定期的な経営管理が行われている。また経営内容については、既存企業の干渉も継続しており、社内ベンチャーの経営者が、必ずしもすべてを自由に決定できる環境ではない。

　ここまで、ボトムアップ型社内ベンチャー制度として、PSUF制度について説明してきたが、以降では、LS社で実施された、トップダウン型社内ベンチャーとして、テクノストラクチャー事業とエイジフリー事業による2社の具体的な事例について説明を行う。なお、事例で取り上げるパナソニック　アーキスケルトンデザイン株式会社、パナソニック　エイジフリー株式会社の概要については、表3-4の通りとなる[34]。

IV. トップダウン型社内ベンチャー

1. テクノストラクチャー事業——技術開発によるスタート

　パナソニックの100％出資子会社であるパナソニック　アーキスケル

表3-4 トップダウン型社内ベンチャー事例企業の概要

社名	設立	事業内容	売上
パナソニック アーキスケルトン デザイン株式会社	1996年12月	・木造住宅工法であるテクノストラクチャーの躯体部材の設計・販売およびそれに関する付帯事業 ・躯体(スケルトン)を中心とした工務店支援事業	約49億円 (2018年度)
パナソニック エイジフリー 株式会社	1998年6月	・介護サービス事業 ・サービス付き高齢者向け住宅事業 ・介護ショップ事業(用品レンタル、販売、リフォーム) ・介護用品・設備の開発および販売事業	500億円 (2020年3月期計画)

(出所) 筆者作成

トンデザイン株式会社（以下、Pasd 社）は、1996 年に設立され、阪神・淡路大震災が発生した 1995 年から従来の在来木造工法に鉄の強さを取り入れた木と鉄とで建てる独自の木造耐震住宅工法「テクノストラクチャー」（図 3-4）の設計・開発・製造を行っている。「テクノストラクチャー工法」の名称は、匠の技（テクニック）とテクノロジーの融合の意味（＝テクノ）と、構造体（＝ストラクチャー）から命名されている[35]。「テクノストラクチャー工法」を用いて建築されるテクノストラクチャー住宅は、Pasd 社と提携し、その独自の工法について教育訓練を受けた工務店や住宅会社によって建築され、販売されるため、Pasd 社は「テクノストラクチャー工法」教育研修も行っている。テクノストラクチャー住宅は、これまでに日本全国で約 6 万 5000 棟（2019 年 11 月末現在）が建設された[36]。

　Pasd 社の前身となるプロジェクトは、1992 年に、当時の松下電工株式会社（以下、LS 社）の本社研究部門に経営幹部の意向で設置される[37]。1993 年に本プロジェクトは、本社研究部門から住建事業部門に移籍し、研究からより開発に近い組織となる。この際に、新たに住宅工法開発メンバーがプロジェクトに参画することになった結果、木と鉄の複合梁および高強度オリジナル接合金具使用による新木造耐震住宅工法である「テクノストラクチャー工法」が開発される。

　本プロジェクトの参画メンバーは、LS 社の経営層からの人選による

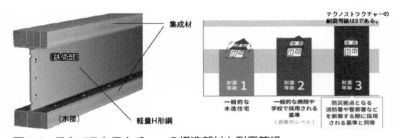

図3-4　テクノストラクチャーの構造部材と耐震等級
（出所）Pasd 社ホームページ（https://panasonic.co.jp/ls/pasd/）閲覧日：2021 年 5 月 1 日）

人材であり、当初は研究所出身の技術者集団からスタートしている。従来の木造住宅の性能は、住宅を建築する専門職である大工の技量に頼る業界であり、性能を担保するには長期にわたる修行などの徒弟制度が要求されていた。しかしその当時には、匠の技を持つ熟練工不足が深刻化しつつあり、性能に対する不安が次第に大きくなっていた。そこで「熟練した大工さんでなくても建てられ、かつ高品質な強い木造工法を」このコンセプトが、新工法開発の原点となった。「家」は住む人・住む場所によって一軒たりとも同じものはなく、「お施主（＝住宅建築の依頼主）様が安心して長く暮らせる住まいは、その土地のことをいちばんよく知っている地元の住宅会社や工務店に建ててもらうのがいちばん」という思いから、「家」そのものではなく「工法」の開発を目指したのである。

　その結果、1992 年のプロジェクト設立から 1995 年の販売開始までには、これまでの在来木造住宅とは異なる新たな工法開発という技術課題がプロジェクトに課されたのである。当然のことながら、この技術課題を解決するためには、建築を中心とする専門知識を保有する技術者が研究所から人選され、主要メンバーは、数名の課長クラスの人材であった。

　彼らは、「高品質な強い木造工法」を目指す技術開発課題として、以下の 2 点を解決することを目指した。第 1 に、住宅の重みによって大きな負荷がかかる柱や梁に鉄骨を用いて、住宅の強度とプランの自由度を飛躍的に高めることであり、第 2 に、その強さの裏づけとして、一軒一

軒すべての住まいで構造計算を行うことであった。これらの目標は、職人技に頼りがちだった木造工法の常識をくつがえすほどの難事業であったが、手探りによる約3年間の開発が始動した。

　その結果、「テクノストラクチャー工法」は、公益財団法人日本住宅・木材技術センターの「新世代木造住宅供給システム」として認定される。具体的には、「テクノストラクチャー工法」が、「先進的な企業などによって開発された、木造軸組み住宅にかかわる営業から設計、資材調達、施工、維持管理までの一貫した生産供給システム」であり、「大工・工務店がオープンな形で活用でき、かつ供給される住宅の品質、性能および生産性の向上と生産現場の省力化が推進されるようなシステム」であることが認められたのであった。また奇しくも会社が設立された1995年1月に、阪神・淡路大震災が発生したが、当時の実験棟は震度5強の揺れに襲われても破損せず、木造耐震住宅工法としても確かな耐震性が、実証されることとなった。その後、新工法の市場浸透には時間を要したが、日本全国で建築されるに到ったのである。

　前述のように設立メンバーは技術系社員が中心であり、少人数からスタートした組織であった。そのため各メンバーは技術開発だけに限らず多能工的にあらゆる業務をこなすに留まらず、次々に発生する課題への対応を迫られるなど、プロジェクト開始から会社設立後も含め、休日返上での働きぶりであった。また新工法の市場浸透においても、長年の在来木造住宅工法を是とする業界から、なかなか理解してもらえないという課題もあった。それに対しPasd社のメンバーは、地道なモデル住宅や各地に建設された躯体による工法研修啓発活動を継続することで、徐々に業界浸透を図ることができたのである。会社設立から25年を経て、「テクノストラクチャー工法」は耐震性の高い木造住宅工法として業界の一翼を担う地位を確立することができたものと想定される。

2．エイジフリー事業──介護保険制度対応によるスタート

　パナソニックの100％出資子会社である、パナソニック エイジフリー株式会社（以下、Paf社）の前身である「松下電工エイジフリーサー

ビス株式会社」は、1998年6月に設立される。同社は元々、社長直轄プロジェクトとして将来の基幹事業を目指し、2000年の介護保険制度導入を見据えた介護サービス事業への参入を目指してスタートしている。介護保険制度導入の背景としては、高齢化の進展に伴い、要介護高齢者の増加、介護期間の長期化など介護ニーズはますます増大する一方、核家族化の進行、介護する家族の高齢化など、要介護高齢者を支えてきた家族をめぐる状況の変化が挙げられる。それらの変化により、これまでの税金を投入した老人福祉・老人医療制度による措置対応では限界があるという判断により、1997年に介護保険法が成立し、高齢者の介護は社会全体で支え合うことになったのであった。介護保険制度の下では、介護サービスの対価を利用者が一部負担することから、民間事業者による参入が認められるようになった。そのためパナソニックも、社内ベンチャーでは初となる、顧客直掌型サービス事業として、本事業に取り組むことになった。

　Paf社の事業領域は、図3-5の通りとなる。具体的な事業内容としては、介護保険制度下において提供される介護サービス事業（訪問入浴や訪問介護などの在宅サービスや介護施設サービス）、サービス付き高齢者向け住宅事業、介護ショップ事業（用品レンタル、販売、住宅リフォーム）、介護用品・設備の開発および販売事業となる。Paf社の拠点数は、介護サービス＝176拠点、介護施設・住宅＝66拠点、介護ショップ＝122店舗となり、また介護リフォーム＝2万5000件などを北海道から九州にかけて全国展開で行っている。なお、Paf社の従業員数は4000名であり、年間売上は500億円弱に達している[38]。

　Paf社の前身となる社長直轄プロジェクト発足時のメンバーは、経営企画部門が中心であったが、新会社設立に向けた増員メンバーの募集については、社内公募を中心に進めていった[39]。その結果、自身の家族に障がい者や要介護高齢者を抱えつつ、介護サービス事業を立ち上げることで社会に貢献したいという、高いモチベーションの社員を集めることができた。「エイジフリー」という事業コンセプトは、バリアフリー（物理的障壁からの開放）、ストレスフリー（生活負荷からの開放）、ケア

図3-5　Paf 社の事業領域
（出所）Paf 社『会社案内』（2020 年度）p.17

フリー（介護負担からの開放）という３つのフリーにより、「高齢者とその家族の快適」を提唱するという思いから生まれたものであった。

　介護サービス事業は、労働集約型の事業であり、提供される商材は無形の労働サービスであるため、その品質は商材を提供する社員の資質に依存している。そのため、介護サービスの品質を安定させ向上させるためには、採用時のスクリーニングと採用後の継続的な人材教育が大変重要である。そこでエイジフリーでは、独自の社員教育システムを構築するとともに、図3-6 に示す理念・行動指針を社員全員に徹底し、日々の業務で体現するように研修教育を定期的に行っている。

　この理念・行動指針については、社員みずからの発案により部署横断プロジェクトにて検討の上、策定されたものである。採用時のスクリーニングについては、介護サービスを提供するのに必要な公的資格だけでなく、面接試験も重視していた。独自の社員教育システムとしては、サービス業として求められる接遇やマナー研修だけでなく、介護に関する専門知識を掘り下げるための、具体的な事例に基づく実践的な研修を実施している。

理念　私たちは高齢者とそのご家族にこころに届く最適な商品・サービスを提供し「ゆとりと笑顔のある暮らし」の実現をお手伝いすることで社会に貢献します。

行動
指針　私たちは　一. お客様の尊厳を大切にします
　　　　　　　　一. チームワークを大切にし最適な商品・サービスを提供します
　　　　　　　　一. お客様との会話を大切にし明るい雰囲気づくりに努めます
　　　　　　　　一. 個性を尊重しあい活発に仕事ができる環境づくりに努めます
　　　　　　　　一. 新しい商品・サービスの創造に日々チャレンジします

図3-6　Paf 社の理念・行動指針
（出所）Paf 社『会社案内』（2020 年度）p.2

　エイジフリー事業では、事業ごとに新会社が設立され、経営判断を各社の経営トップに任せることで事業の立ち上げを加速させることが可能となった反面、各社の幹部はこれまで製造業でモノづくりの経験しか持ち合わせていなかった。そのためエイジフリー事業では、介護業界のノウハウを吸収するため、介護業界の人材の採用や介護企業の M&A を積極的に行ってきた。また人事制度についても、製造業の人事制度とまったく異なる介護サービス人材に合わせた人事制度が、ゼロベースから構築されることとなる。なおその際、既存企業である LS 社のスタッフ部門の、人事・経理・法務・広報部門などの多大な支援が大いに役立つこととなる。このような支援が得られた背景としては、エイジフリー事業が社長直轄プロジェクトからスタートしている、トップダウン型社内ベンチャーであるためであると想定される。

　エイジフリー事業についても設立当初は、前述のテクノストラクチャー事業同様、各メンバーは、多能工的にさまざまな業務をこなしたり、次々に発生する課題解決を行ったりと休日返上の働きぶりであった。また事業開始から 23 年を経て、介護業界における売上規模については、国内でも有数の規模に達したと考えられる。その一方で、介護業界全体の人手不足の影響により、新規拠点を開設するにも介護サービスを提供する人材が集まらないという課題に直面し、事業拡大にブレーキがかかっているとされる。こうした課題については、1 社単独での解決は困難であり、介護業界全体として行政を巻き込んだ取り組みが求められている。

3．Pasd 社と Paf 社の成功における共通点

　トップダウン型社内ベンチャーの事例として、技術開発型のテクノストラクチャー事業と介護保険制度下で介護サービスを提供するエイジフリー事業を取り上げた。両事業ともに事業開始から20年以上を経過した現在も、独立企業として存続をしていることから、成功事例と判断して問題ないものと考える。

　テクノストラクチャー事業では、従来の木造住宅業界にはなかった新工法であるテクノストラクチャー工法の開発というイノベーションが発生する一方、エイジフリー事業では、介護保険制度という措置から選択へ移行した介護サービス業界にて、ビジネスモデルの再構築という戦略的アントレプレナーシップが発生したといえる。この2つの事業の共通点としては、①既存企業の事業部門傘下ではなく、独立組織として社内ベンチャーの事業運営が推進されたこと、②トップダウン型社内ベンチャーであるため、推進組織の経営幹部には、既存企業の厳選されたエース級人材が配属されたこと、③新会社の経営に、人事・経理・法務・広報・経営企画など、既存企業のスタッフ部門から多大な支援が得られたこと、といった共通点が観察され、これらが両事業の成功要因になっているものと想定される。

　なお以降ではパナソニックの新たなCVの取り組みとして、CVC投資、新たな社内ベンチャー制度、横断型組織活動について説明する。

V．新たな取り組み

1．CVC の設立

　パナソニックでは1998年から本社R&D部門にて、CVC投資を開始している。米国シリコンバレー近くに拠点を設置することにより、技術イノベーションの中核に触れるとともに、ベンチャー・コミュニティーのインサイダーとなることで、CVC投資の候補となるハイテクベンチャーの紹介を得ることを狙っている。CVC投資の目的としては、ベンチャーの優れた技術とパナソニックのコアコンピタンスを組み合わせる

こととなる。具体的にはシリコンバレーで生まれる新たな技術・商品・事業創造の試みが、パナソニックの研究開発に展開する可能性を見出すことであり、可能性がある場合、少額の戦略投資による技術協業が推進される[40]。このCVC投資を通じ、2016年までの18年間で約40社への投資が行われたが、投資の決裁は都度、日本本社の判断を仰ぐ必要があり、投資機会は年2社程度に限られた。

こうした課題を受け、2017年4月、パナソニック ベンチャーズ合同会社（以下、PVL社）が設立される。PVL社では、現地で即断即決による投資が可能となり、1号ファンドとして投資枠110億円が確保された。既存のCVC投資では、パナソニックの既存事業とのシナジーが要求されていたが、PVL社の投資では、既存事業とのシナジーにはこだわらず、キャピタルゲインなどの財務的成果の獲得を目指すことが最優先とされている。またPVL社の陣容も日本からの駐在員に留まらず、現地の専門家として、Intel Capital（インテル）など米国の有力CVC出身者を採用することで、投資判断の迅速化と精密化を推進している。

こうしてPVL社は、設立された2017年度には、4社への投資を実行し[41]、さらに2020年9月には、1号ファンドの1.5倍の規模の2号ファンドの運営を開始し、これまでに合計20社への投資を実行している[42]。

2. AP社による社内ベンチャー制度の仕組み

PSUF制度に代わる新しい社内ベンチャー制度として、AP社の新規事業化を目指した、BE社が挙げられる。BE社は、米国サンフランシスコをベースに、シリコンバレーと日本においてアーリーステージのベンチャーに投資するScrum Ventures（以下、SV社）との共同出資により、2018年3月に設立された新会社である。代表取締役には株式会社ディー・エヌ・エー出身者を起用するなど[43]、外部の人材活用を行っている。両社の役割分担として、SV社は、最先端トレンドの知見、新規技術・ビジネスモデルの情報収集力を駆使し、さまざまな事業化支援を行う一方[44]、AP社は家電を中心とした製品提案で顧客のくらしに貢献している。さらにAP社には、2016年から、企業内アクセラレーター

として「未来の『カデン』をカタチにする」をビジョンに据えて活動する Game Changer Catapult（以下、GC カタパルト）があり、その主要な活動の 1 つとして、2016 年から毎年、社員によるビジネスコンテストを実施している[45]。

今回設立された BE 社では、顧客 1 人 1 人に寄り添いながら、新しいくらしを提案するために、AP 社内の有望で新たな事業アイデアを切り出し、その実現を目指すベンチャーに出資し、適切な支援を行うことで、スピーディーな事業化を目指している[46]。BE 社は 2018 年 11 月、官民ファンドである株式会社産業革新機構から分割する形で発足した株式会社 INCJ（以下、INCJ 社）から、10 億円の支援を受けることが決定している[47]。INCJ 社が支援を決定した背景については、同社のホームページ上に以下のように記されている[48]。

「一般的に大企業では、社内に有望な新規のビジネスアイデアがありながら、社内に引き受ける部署がない、事業規模が一定の大きさに満たない、ブランド要件を満たさないなど、様々な理由で事業化に至らず、眠ったままの状態にあるケースが見受けられます。BeeEdge では、このような事業シーズやアイデアを従来の枠組みにとらわれない環境下で素早く事業化することを目指しており、有望案件については事業会社を設立し、事業化ステージごとに、その都度、適切な投資・支援を行っていきます。

INCJ としては、BeeEdge の取り組みは、このような大企業内の閉塞感を打破するものであり、他国に比べて圧倒的に起業率の低い我が国における新しい起業の在り方、また新規事業創出のモデルケースにもなり得ると判断し出資を決定しました。」

BE 社は既に、前述の社員によるビジネスコンテストで選出された事業アイデアを含む 3 つの事業を切り出し、事業会社を設立している。なおこれらの事業会社の概要については、表 3-5 の通りとなる[49]。

BE 社による社内ベンチャー制度では、PSUF 制度と同様に、各事業

表3-5　BE社により設立された事業会社

社名	設立	事業内容	代表取締役社長
ミツバチプロダクツ株式会社	2018年9月	スチームブレンダー機構を搭載したチョコレートドリンクマシンの開発、製造、販売	事業アイデア提供者であるAP社の社員
ギフモ株式会社	2019年4月	嚥下調整食調理機器の企画、製造、販売	
ことほ株式会社	2019年6月	歩行訓練用リハビリテーションマシンの開発、製造、販売	

(出所) 筆者作成

会社の代表取締役社長に事業アイデア提供者が任命される上、BE社の100％出資子会社となる。BE社による社内ベンチャー制度とPSUF制度との大きな違いは、その支援組織にあるといえる。具体的には、PSUF事務局の場合、支援組織は、スタッフ部門の人事担当社員を中心とする組織であり、新規事業立上げの知識や経験が乏しい陣容であった。一方で、BeeEdge社の場合には、AP社とは関係のない株式会社ディー・エヌ・エー出身者や、共同出資を行うSV社などの起業経験者を中心に組織化することで、事業化までの時間を加速化している。なお、表3-5の事業会社については、いずれも設立から間もないため、成否の見極めについては、継続して注視することが必要と想定される。

3．横断型組織活動──パナソニックβ

　中長期の成長エンジンとなる新たな事業モデルの構築に向けコーポレート主導で挑戦する組織としては、2017年4月にイノベーション事業推進部門の傘下にビジネスイノベーション本部が新設される。その目的は、社内分社の枠を超えて、顧客との共創やオープンイノベーションなどを取り込み、従来の商品軸の発想から転換して、サービス中心の新規事業およびIoTやAI技術に基づく新規事業を創出することであった。同本部の最初の活動は、「パナソニックβ」という拠点を、米国シリコンバレーに置き、各社内分社から30歳前後のエンジニア、デザイナー、データサイエンティストなど約30人のスタッフを集めることであった。パナソニックβの「β」とは、「常に進化し続け完成することの

ない」を意味している。シリコンバレーに若手を集めたのは、世界中か
らやってきて働く周辺のベンチャーの人々との交流を通じ、新しい発想
を生み出すねらいであった。パナソニック β については、異なる分社や
職能から来た社員が一堂に集まり、組織の枠を超えて連携し、これまで
の開発手続などにとらわれない発想と手法により、独自の商品・サービ
スを創出することを目指している。すなわちパナソニック β は、イノベ
ーションを量産する方法論や仕組みを開発して全社に広げるマザー工場
と位置づけられている[50]。

　設立から 4 年が経過した現在のパナソニック β では、常時 60 人ほど
の従業員が勤務している。デザイン思考やアジャイル開発など、シリコ
ンバレーのベンチャーが実践する製品やサービスの開発方法論を取り入
れ、「ソフトウエアによってアップデートされる新しいくらし」の実現
を目指している。従業員 60 人のうち、現地採用された固定メンバーは
20 人であり、それ以外の約 40 人は、パナソニックの各事業部門から 3
カ月交代で派遣されてきている。こうした短期滞在の社員たちは、パナ
ソニック β で新しい開発の方法論を体験し、それを所属事業部門に持帰
った上、シリコンバレーで学んだことを自部門に広めることを通じて、
パナソニック全体のイノベーション手法を大きく変えようとしているの
である。パナソニック β の活動によって 2018 年 11 月には、くらしのプ
ラットフォーム「HomeX」を標準搭載した都市型 IoT 住宅「カサート
アーバン」が発売された。また 2019 年 10 月には Google 出身者を CEO
に迎え[51]、さらにその活動が加速している。

4．社内ベンチャーの反省と改善

　ここまでパナソニックの新たな取り組みとして CVC 投資、社内ベン
チャー制度、組織横断型活動（パナソニック β）の現状について説明し
てきた。これらの取り組みは、いずれも開始から 3 年を経ていないた
め、その成否を問うことは困難と想定される。しかしこれらの活動は、
過去の社内ベンチャー制度の結果や、そこから生じた課題を踏まえた上
で、改善された新たな取り組みであるといえる。

例えば、CVC投資を行うPVL社の場合、拠点を置く米国シリコンバレーにて、日本側の本社決裁なしで投資判断を行えるようにしたり、既存事業とのシナジーに関係なくキャピタルゲインなどの財務的成果重視で投資したり、米国のCVCやVC出身者を採用したりといった方策を講じることで、投資判断を加速している。

　またAP社にて、社内ベンチャー制度を運営するBE社の場合も、PSUF制度の反省が活かされている。具体的にPSUF制度では、事務局の構成員が、起業の経験や知識に乏しい人事担当を中心とするスタッフ部門のメンバーであったことから、充分な支援ができなかったといえる。そのため、社外の起業経験やノウハウを保有するSV社と共同で運営会社であるBE社を設立し、その経営トップには、起業経験豊富な株式会社ディー・エヌ・エーの元会長を起用して、起業スピードを加速させることを試みている。

　さらにパナソニックβの活動では、拠点を米国シリコンバレーにおいて、日本から若手社員を定期的に送り込むことで、部門横断的な新規事業開発のプロジェクトを発足させたり、起業のノウハウを所属部署に持ち帰らせ、組織内に広めたりする啓発活動を行っている。これは、組織文化にアントレプレナーシップを根付かせる試みであり、経営トップにはGoogleから人材をヘッドハンティングしている。なお、以降では、パナソニックの事例から、導出される論点について提示を行う。

VI. ディスカッション

1. ボトムアップ型とトップダウン型の比較

　パナソニックの社内ベンチャーについて、ボトムアップ型とトップダウン型の存在について説明してきたが、両者の違いについては表3-6の通りとなる。

　社内ベンチャーの経営者である事業推進リーダーは、ボトムアップ型の場合、PSUF制度を活用した事業アイデア提供者であるが、トップダウン型の場合には、母体企業の経営層から指名された人材となる。具体

表3-6　ボトムアップ型とトップダウン型の概要

項目	ボトムアップ型	トップダウン型
事業推進リーダー	事業アイデアの提供者	経営層から指名された人材
事業推進組織	既存事業体とは異なる独立組織	
事業推進組織の構成員	事業推進リーダーがみずから採用	経営層から提供された人材
支援組織	PSUF事務局(人事部門出身・新規事業開発経験者がほとんどいない)	社内新事業開発部門およびスタッフ部門
事業継続の見極め	創業から3年以内に単年度黒字、5年間で累損解消	経営層の判断
年間売上規模	数億円	数十億～数百億円
設立企業数	30社(2021年3月末現在現存しているのは5社)	2社(2021年3月末現在)

（出所）筆者作成

的にはトップダウン型の場合、既存企業の戦略リニューアルとして経営層が社内ベンチャーの設立を決意した際、事業推進リーダーの意志とは関係なく社内ベンチャーの経営者として指名される。一方、ボトムアップ型の場合は、事業アイデア提供者自身の意志において、事業アイデアの提供者が社内ベンチャーの経営者になる決意をする点が異なっている。

　事業推進組織は、両者ともに既存事業とは異なる独立組織として運営されるため、既存組織のような短期的な財務成果を求められることはない。事業推進組織の構成員は、ボトムアップ型の場合、支援組織であるPSUF事務局からの紹介はあるものの、事業推進リーダー自ら採用活動を行わねばならないため、ノウハウを蓄積する必要がある。一方、トップダウン型の場合は、経営層が人選して提供してくれるため、事業推進リーダーみずから採用活動をする必要はない。

　支援組織については、ボトムアップ型の場合、PSUF事務局単独の支援が中心であるが、トップダウン型の場合は、既存企業のスタッフ部門をはじめ各部門の支援が得られる体制になっている。以上の比較において、ボトムアップ型では社内ベンチャーの経営者は、独立して起業するアントレプレナーのように、経営全般の業務を行わねばならないのに比べ、トップダウン型では既存企業の手厚い支援体制のもと、ベンチャー

が創出されることが明らかになった。また事業継続の見極めについても、ボトムアップ型の場合は、創業から3年以内に単年度黒字、5年間で累損解消というように期限が明確に設けられているが、トップダウン型の場合は、期限は設定されず、経営層の判断に委ねられている。その結果、ボトムアップ型は、制度開始からの18年間で設立した企業数は30社であるが、現存しているのは5社であり、売上規模も数億円と小規模に留まっている。一方、トップダウン型は、企業数は2社であるものの、売上規模は数十〜数百億円に達しており、1事業部門としては、既存企業からも一目置かれる規模に成長している。

　以上の議論から、一見すると総合的な評価として、トップダウン型の方が成功の可能性が高いように見える。1990年代以降の「社内ベンチャー制度ブーム」に乗った企業では、今回のパナソニックの事例と同様、ボトムアップ型社内ベンチャーの失敗確率が高かったことから、トップダウン型社内ベンチャーに制度を変更した企業が散見される[52]。しかしトップダウン型との比較により明らかな通り、社内ベンチャーが失敗する原因としては、支援体制が脆弱であったり、事業推進リーダーとなるアイデア提供者の経験値や知識が不足していたりするためであり、ボトムアップ型そのものの制度的な問題ではないものと考えられる。よって前述の課題を解決することで、ボトムアップ型においても成功確率をあげることは可能ではないだろうか。

　以降では、パナソニックが講じた上記の課題に対する改善策について、説明を行うこととする。

2．外部人材およびCVC投資の活用

　社内ベンチャー制度については、前述のBE社の事例において、改善がなされている。具体的には、起業経験や知識を持つ人材を外部から経営トップに起用し、ベンチャー投資の経験豊富な外部企業と共同出資の形態をとるなど、起業スピードの加速化と、社内ベンチャーの経営者への支援品質の向上が図られている。一方、BE社の活動は、パナソニックの1カンパニーであるAP社内のみの活動であり、その効果がパナソ

ニック全体に波及するかどうかについては定かではない。

　また、CVC 投資については、R&D 部門主導で決裁権限がパナソニック本社にあるため、投資判断に時間を要し、投資件数も伸びないことが課題となっていた。しかしその後、投資会社を米国のシリコンバレーに設立し、決裁権限を投資会社に移管し、キャピタルゲインなどの財務的成果重視の投資方針に転換することで、投資判断が加速することとなった。

　さらに、パナソニック β の活動については、既存事業の開発手法に凝り固まっている社員のマインドをリセットし、新たな事業を構想する「起業マインド」を醸成する活動として、米国シリコンバレーで実施することに意義を見出している。ただ、この部門横断型のプロジェクトから開発された事業は、現段階では 1 事業に留まっている。パナソニック β の活動は企画開発までで、社会実装するまでの工程は既存部門に委ねられているため、事業を成功させるためのハードルは高いと推測される。

　以上の議論からパナソニックの社内ベンチャーは、その時々の経営トップの戦略リニューアルの試みにより、多面的に展開されている。一方で、パナソニック全体の新規事業開発戦略との関係性・整合性の有無や連携状態については、必ずしも明確に提示されておらず、今後の課題であるものと想定される。

注

1) ナショナルショップ店は、ナショナル製品を専業で扱う小売電器販売店であり、1983 年のピーク時には、全国で 2 万 7190 店に達したが、現在は量販店ルートなどに押され、約 8000 店に減少している（パナソニック株式会社百年史編纂委員会ほか編（2019b）pp.136-138）。
2) 街づくり事業のために設立されたトヨタ自動車株式会社との合弁会社。
3) パナソニック株式会社百年史編纂委員会ほか編（2019a）pp.26-31。
4) 同上 p.324。
5) 同上 p.621。
6) 同上 p.639。

7) パナソニック『有価証券報告書』（第 113 期：2019 年度）
8) 表 3-1 および図 3-2 の作成に際し、データとして以下の資料を参照した。
【ボトムアップ型社内ベンチャー】
　［PSUF 制度を活用して創業した企業］『朝日新聞』（2013 年 12 月 27 日付）、各社ホームページ（閲覧日：2021 年 5 月 1 日）
　［BeeEdge 社による出資企業］：株式会社 INCJ ホームページ
【トップダウン型社内ベンチャー】
　各社ホームページ（閲覧日：2021 年 5 月 1 日）

【CVC 投資】
　　樺澤（2011）、『日経産業新聞』（2018 年 1
　　月 30 日付）

9)『日経産業新聞』（2014 年 10 月 15 日付）。

10) パナソニックの広報部に確認（2019 年 7 月
　　1 日）するとともに、各社ホームページから
　　も併せて確認（閲覧日：2021 年 3 月 31 日）
　　を行った。

11) 株式会社 INCJ ホームページ（https://www.
　　incj.co.jp/newsroom/PressRelease_INCJ_
　　BeeEdge_20200529.pdf　閲覧日：2021 年
　　5 月 15 日）。

12) 各社ホームページにて確認（閲覧日：2021 年
　　3 月 31 日）

13) パナソニック株式会社百年史編纂委員会ほか編
　　（2019a）pp.673-674。

14)『日本経済新聞』（2018 年 1 月 13 日付）。

15) 坂本（2004）p.2。

16)『日本経済新聞』（2001 年 8 月 2 日、8 月 3
　　日、8 月 4 日付）。

17) 坂本（2004）p.2。

18) 同上。

19) 坂本（2004）p.2 および『日経産業新聞』
　　（2014 年 10 月 15 日付）をもとに作成。なお
　　第一次・第二次ファンド開始時は、社名はパナ
　　ソニックではなく、松下電器となっていた。

20) 坂本（2004）p.2。

21) 宮部（2010）p.38。

22) 坂本（2004）p.2 および『日経産業新聞』
　　（2014 年 10 月 15 日付）をもとに作成。

23)『日経産業新聞』（2007 年 12 月 18 日付）

24) 坂本（2004）p.2、宮部（2010）p.38。

25) 坂本（2004）p.2。

26) 2008 年 10 月 1 日より松下電器は社名を「パ
　　ナソニック」に変更し、ブランドも Panasonic
　　に統一している（パナソニック株式会社百年史
　　編纂委員会ほか編（2019b）p.247）。

27) PSUF 推進室への確認（確認日：2009 年 1 月
　　29 日）。

28) 同上。

29) 同上。

30) パナソニックと同様に社内ベンチャー制度を運
　　用している富士通では、社内ベンチャーの経営
　　者となる従業員は、パナソニックを一旦退職し
　　て、新会社を設立する仕組みとなっており、退
　　路を断つ覚悟での創業を促している（橋本
　　（2014）p.38）。

31) PSUF 推進室への確認（確認日：2009 年 1 月
　　29 日）。

32) 同上。

33) 同上。
　　なお起業家からは「制度の本来の趣旨と異な
　　り、母体企業側から技術開発など経営に干渉さ
　　れることが多かった」との苦言も聞かれた（『日
　　経産業新聞』（2014 年 10 月 15 日付））。

34) 各社概要は以下ホームページを参照した（閲覧
　　日：2019 年 9 月 6 日）
　　パナソニック アーキスケルトンデザイン株式
　　会　社：https://panasonic.co.jp/ls/pasd/
　　company/
　　パナソニック アーキスケルトンデザイン株式
　　会社の中途採用・求人・転職情報：https://
　　www.pasonacareer.jp/company/80430333/
　　パナソニック エイジフリー株式会社ホームペ
　　ー　ジ：https://panasonic.co.jp/ls/paf/
　　company/outline.html
　　『日本経済新聞』（2017 年 11 月 22 日掲載）：
　　https://www.nikkei.com/article/
　　DGXMZO23805690S7A121C1000000/
　　パナソニック プロイエサービス株式会社ホー
　　ム ページ：https://panasonic.co.jp/ls/pproie/
　　company/
　　パナソニック プロイエサービス株式会社プレ
　　スリリース：https://news.panasonic.com/jp/
　　press/data/2015/02/jn150213-1/
　　jn150213-1.html

35) パナソニック アーキスケルトンデザイン株式
　　会社 ホームページ（https://panasonic.co.jp/
　　ls/pasd/technostructurenoie/history.html　閲
　　覧日：2021 年 5 月 1 日）。

36) 同上。

37) 以降の内容は、研究所出身でプロジェクト発足
　　時から新会社設立後も幹部として経営に携わっ
　　た久門直樹氏へのインタビュー調査に基づく
　　（調査日：2013 年 9 月 19 日）。

38) パナソニック エイジフリー株式会社ホームペー
　　ジ（https://agefree-service.net/about/
　　index.html　閲覧日：2021 年 5 月 1 日）。

39) 以降の内容は、社長直轄プロジェクト時代から
　　のメンバーで新会社設立後も幹部として経営に
　　携わった日野田知也氏へのインタビュー調査に
　　基づく（調査日：2013 年 5 月 24 日）。

40) 樺澤（2011）p.152。

41)『日経産業新聞』（2018 年 1 月 30 日付）。

42) Panasonic Newsroom Japan（https://news.
panasonic.com/jp/stories/2020/82420.html
閲覧日：2021 年 5 月 15 日）

43) BE 社の代表取締役には株式会社ディー・エ
ヌ・エーの元会長である春田真氏を起用してい
る。

44) SV 社は、シリコンバレーでアーリーステージ
のベンチャーに投資する日系のベンチャーキャ
ピタルである。SV 社は 2013 年の創業後、
Mobility、Fintech、IoT、VR、コマース、ヘル
スケアをはじめ、50 社を超えるベンチャーへ
の投資を実行している。さらに SV 社は、シリ
コンバレーのベンチャーや著名ベンチャーキャ
ピタルとの積極的な関わりを通じ、戦略的投資
機会の創出、および社内ベンチャーに役立つ仕
組みを提供している（パナソニック株式会社プ
レスリリース（2018 年 3 月 1 日）より一部
引用）。

45) パナソニック株式会社ホームページ（https://
gccatapult.panasonic.com/stories/story66.
php　閲覧日：2021 年 5 月 15 日）

46) パナソニック株式会社プレスリリース（2018
年 3 月 1 日）。

47) 株式会社 INCJ は 2018 年 9 月、既存の官民フ
ァンドである株式会社産業革新機構から新設分
割する形で発足した。産業革新機構は、2009
年 7 月、産業や組織の壁を越えて、オープン
イノベーションにより次世代の国富を担う産業
を育成・創出することを目的に設立されたが、
根拠法である産業競争力強化法の改正法の施行
に伴い、同機構は株式会社産業革新投資機構に
商号変更し、新たな活動を開始することとなっ
た。株式会社 INCJ は、産業革新機構の事業を
引き継ぐ形で、既存投資先の Value up 活動や
追加投資、マイルストーン投資、EXIT に向け
た活動を主要業務として、2025 年 3 月末まで
投資活動を行うことになっている。
株式会社 INCJ のホームページ（https://www.
incj.co.jp/newsroom/PressRelease_INCJ_
BeeEdge_20200529.pdf　閲覧日：2021 年
5 月 15 日）より引用。

48) 株式会社 INCJ ホームページ（https://www.
incj.co.jp/newsroom/PressRelease_INCJ_
BeeEdge_20200529.pdf　閲覧日：2021 年
5 月 15 日）。

49) 各社ホームページを参照した（閲覧日：2021
年 5 月 15 日）。

50) パナソニック株式会社百年史編纂委員会ほか編
（2019a）pp.673-674。

51) パナソニック β では CEO に、Google ヴァイ
スプレジデントであった松岡陽子氏を迎えてい
る（パナソニック株式会社『プレスリリース』
（2019 年 10 月 17 日））。

52) 橋本（2014）p.84。

参考文献

坂本俊弘（2004）「社内ベンチャーの技術特集に
よせて」『Matsushita Technical Journal』50
(6): 1-2

パナソニック株式会社百年史編纂委員会ほか編
（2019a）『パナソニック百年史』パナソニッ
ク株式会社

パナソニック株式会社百年史編纂委員会ほか編
（2019b）『パナソニック百年史【資料編】』パ
ナソニック株式会社

宮部義幸（2010）「社内ベンチャー特集によせて」
『Panasonic Technical Journal』55 (4): 38

第4章

ANA ホールディングス
—— 日本版 LCC の離陸と確立

Ⅰ. 概要

【社名】ANA ホールディングス株式会社[1]

【設立】1952 年 12 月 27 日

【代表】片野坂真哉

【資本】3187 億円

【売上】1 兆 9742 億円

【事業】（売上構成比率）

　　航空事業 = 73%、航空関連事業 = 12%、旅行事業 = 6%、商社事業 = 6%、その他事業 = 1%

【社員】4 万 5849 名

【沿革】

　2008 年　1 月　アジア戦略室新設

　2011 年　2 月　A&F・Aviation 株式会社設立

　　　　　5 月　A&F・Aviation を Peach Aviation 株式会社へ商号変更

　　　　　8 月　合弁事業としてエアアジア・ジャパン株式会社設立

　2012 年　3 月　Peach Aviation 株式会社による就航開始

　　　　　8 月　エアアジア・ジャパン株式会社による就航開始

　2013 年　4 月　持株会社制へ移行

　　　　　6 月　エアアジア・ジャパン株式会社を完全子会社化

　　　　　11 月　エアアジア・ジャパン株式会社をバニラ・エア株式

　　　　　　　　会社へ商号変更
　2017 年　4 月　Peach Aviation 株式会社を連結子会社化
　2019 年 10 月　バニラ・エア株式会社による運航終了
　　　　　 11 月　Peach Aviation 株式会社とバニラ・エア株式会社が
　　　　　　　　統合

　ANA ホールディングス株式会社（以下、ANA HD）は 2013 年 4 月、
国内大手航空会社の全日本空輸株式会社（以下、ANA）の持株会社とし
て設立され、主な事業は、航空事業、航空関連事業、旅行事業、商社事
業から構成される[2]。中でも航空事業の売上高は 2020 年 3 月末時点で、
1 兆 7377 億円（国際旅客 = 6139 億円、国内旅客 = 6799 億円、ローコスト
キャリア（以下、LCC）= 819 億円）となり、連結売上高の 73.3％を占め
ている。またその傘下には、ANA、ANA ウイングス株式会社、株式
会社エアージャパンの 3 社があり、2017 年 4 月に Peach Aviation 株式
会社（以下、Peach）が連結子会社化されて加わることになる。その結
果、ANA HD の保有機材は 307 機となり、国内線 53 空港、国際線 48
空港に就航している。
　現在、日本の航空市場は、ANA をはじめとするフルサービスキャリ
ア（以下、FSC）から LCC まで幅広い構成となっている。LCC[3]につい
て明確に定義されていないが、FSC とは異なる低コスト体制によって
低運賃を提供している航空会社であり、「格安航空会社」「低コスト航空
会社」とも呼ばれている。LCC の代表的なビジネスモデルとしては、
1971 年に運航開始した米国・サウスウエスト航空の例が挙げられる。
FSC と異なる低運賃を実現するため、同社では徹底的な低コストが追
求されている。具体的には、効率的な運営や採算性の観点から、航空機
の同一機種の導入と高稼働化、混雑空港の回避、空港施設の簡素化、業
務の削減・単純化など、低コストを実現するさまざまな仕組みが導入さ
れている。
　かつて日本では、割高な空港着陸料や主要空港の発着枠の制限に阻ま
れ、世界的に数少ない LCC の空白地帯といわれていたが、海外では規

制緩和によりLCCのシェアは拡大を続けていた。2008年12月には、海外LCCによる日本への国際線の乗入れが始まるものの、そのシェアは限られたものであった。

そうした中ANA HDは、「Peach Aviation株式会社（旧A&F・Aviation株式会社）」「バニラ・エア株式会社（旧エアアジア・ジャパン株式会社）」という、2つのLCCを設立する。

Peachは、2011年2月に関西国際空港（以下、関西空港）を拠点として設立されたLCCである[4]。既存航空会社と異なる仕組みにより低運賃を実現し、航空会社の新たな価値・選択肢を創出し、アジア市場の需要を開拓することを目標に掲げている。路線網については、2012年3月に大阪（関西）－札幌（新千歳）、福岡を結ぶ国内線を就航させ、2019年10月時点では国内線19路線、国際線19路線に拡大している。使用機材はエアバスA-320-200（180席仕様）が26機、拠点空港は、関西空港を中心に、新千歳空港、仙台空港、成田国際空港（以下、成田空港）、那覇空港となっている。就航から4年後の2015年度には、3年連続で増収増益を達成し累積損失を一掃している。その後、2017年4月にPeachは、ANA HDの連結子会社となる。

バニラ・エア株式会社（以下、バニラ・エア）は2011年8月、マレーシアに本社を置くLCC大手のエアアジアとANAによるジョイントベンチャーである「エアアジア・ジャパン株式会社」として設立される。その後、2013年6月にはジョイントベンチャーが解消され、ANA HDがエアアジア・ジャパン株式会社を子会社化する。さらに2013年11月には、成田空港を拠点とする、国内外プレジャー・リゾート路線を展開する新しい形のLCCである「バニラ・エア」へと商号変更する[5]。バニラ・エアは2013年12月、東京（成田）－沖縄（那覇）、東京（成田）－台北（桃園）への就航を開始する。その後、国内LCCでは初めて以遠権を活用し、東京（成田）－ホーチミン（台北経由）線を開設したほか、国内航空会社では初めて、東京（成田）－セブ線への定期便を就航した。その結果、2015年度には、営業利益が15億円と初の黒字化に成功する。2019年3月時点にて、保有機材15機、国内線7路線、国際線

6路線のネットワークへと拡大している。

　2019年11月にANA HD傘下のPeachとバニラ・エアは経営統合し、年間輸送旅客数で国内第3位、LCCでは国内No.1の航空会社となっている[6]。

Ⅱ. LCC設立の背景

1.「アジアNo.1のエアライン」実現への準備

　2008年1月、ANAでは本社部門に「アジア戦略室」が新設され、のちにPeachのCEOとなる井上慎一（以下、井上）が北京支店ディレクターからアジア戦略室室長に人事異動となった。アジア戦略室では4月から、香港をベースとして旅客・貨物のニーズをダイレクトに把握した上で、市場に密着したグローバルな事業展開を目指していくこととなった[7]。

　こうした背景には、2010年以降に予定されている成田空港および東京国際空港（以下、羽田空港）の発着枠拡大に伴う海外勢との競争激化があり、LCCのメガキャリアであるエアアジアも2009年に、日本路線に参入する意向を示していた。当時、ANA社長の山元峯生は、「いずれ（LCCが）来るとは思ったが想定より2年ほど早い」、「国内線は頭打ち。国際線に活路を見いださなければ生き残れない」という危機感を抱いていた[8]。この危機への対策として、ANAでは、2006年3月の公募増資や2007年6月のホテル事業関連子会社の全株式と関連資産の売却により財務基盤が強化され、成田空港および羽田空港の発着枠拡大に向けて航空運送事業への資源の集中が進められた。

　この時期、「イノベーション」と「グローバリゼーション」をキーワードとした「ANAグループ2008-11中期経営戦略」[9]が策定され、「アジアNo.1のエアライン」の実現が経営ビジョンとして掲げられた。具体的には、2008-2009年度の「ステップ1」では、羽田空港再拡張に向けた準備と成長に向けた先行投資が行われ、続く2010-2011年度の「ステップ2」では、成田空港および羽田空港の発着枠の増加による事

業規模の積極的な拡大を図るとされている。

　2010年の年頭挨拶でANA社長の伊東信一郎（以下、伊東）は[10]、首都圏の増枠、羽田空港の国際化、そしてボーイング787の就航を迎える大きな飛躍の年とした上で、「このチャンスを生かし成長することが、将来のANAにとって不可欠である」と述べている。こうしたANAにとって最大のビジネスチャンスとなる2010年度には、「ANAグループ2010−11年度経営戦略」[11]として、首都圏空港拡大を最大限に活かし、よりグローバルなステージへの指針が示されている。さらに、新生ANAが目指すものとして、①国際線事業をグループ事業の中核として成長の柱とする、②マーケティング機能の再強化とコスト構造改革による「収益性の強化」と「変動に強い事業構造」を実現する、③過去からの習慣・タブーを乗り越え、あらゆる改革と改善施策を実行し、変化を恐れない風土を醸成する、という3点により、経営ビジョン「アジアNo.1」の実現に取り組むとされている。

2．経営戦略におけるLCC設立の準備

　「ANAグループ2010−11年度経営戦略」で示されたグループ変革の例として、「ANAウイングス」の発足が挙げられる。2010年7月に株式会社エアージャパンと株式会社ANA&JPエクスプレスが合併し、さらに10月には、連結子会社の3社が合併し、エアーニッポンネットワークを存続子会社とした「ANAウイングス」の発足が発表された[12]。さらに新興航空会社である国内提携5社[13]と運航の効率化を進めてきたが、さらなるネットワーク競争力を高める提携が行われることとなった。

　こうした中、ANAと香港の投資会社であるファーストイースタン投資グループ（First Eastern Investment Group：以下、FE社）は2010年9月、関西空港を拠点とした日本初の国内線・国際線LCC事業へ出資することを表明する[14]。航空自由化をはじめ業界環境が大きく変化する中、ANA社長の伊東は、ANAとは別ブランドで「圧倒的な低コストを実現し、アジアと日本の新たな架け橋となる」[15]ことを目的とした新

たな事業を進めることとなる。これに伴い、関西空港を拠点とする
LCC の共同事業の準備として、12 月には、本社部門に「LCC 共同事業
準備室」[16]が新設される。LCC 共同事業準備室長にはこれまでアジア戦
略室長であった井上が任命され、アジア戦略室長には、後にエアアジ
ア・ジャパン初代 CEO となる岩片和行（以下、岩片）が任命された。

　このように ANA でグループ変革が実施される中、これまで対象外だ
った羽田空港と成田空港を含む航空自由化（オープンスカイ）協定の覚
書に日米両政府が署名し[17]、10 月下旬には羽田空港で 34 年ぶりの本格
的な国際線運航が始まることとなる。さらに 2011 年 3 月の成田空港の
発着枠拡大も控える中、ANA は、新ブランド戦略「Inspiration of
Japan」[18]の開始、日米オープンスカイと独占禁止法適用除外の認可
（ATI）など、さまざまな準備を進めていった。

　一方で 2010 年 12 月、国際線定期便の運航が始まった羽田空港では、
初の海外 LCC となるマレーシアのエアアジア X が羽田 – クアラルンプ
ール線の就航を開始する。低価格を武器に世界で大きくシェアを拡大す
るエアアジア X の成否は、国内大手航空会社の戦略にも影響を与える
可能性もあった。ANA 社長の伊東は、「着陸料が安くない羽田でどう
収益を上げるのか注目したい」と関心を寄せるとともに[19]、「開けては
いけない『パンドラの箱』が開いた気分だ。路線が単発で増えるだけな
ら恐れることはない。ただ、関西国際空港などを基地化して集中的に便
を飛ばすようになれば大きな脅威になるだろう」という危機感を抱いて
いた[20]。なお日本に就航する海外 LCC は、この当時 5 社に達してい
た[21]。

3．LCC 2 社の設立

　国際線就航 25 周年を目の前に迎えようとする中、国内線・国際線を
合わせた 2010 年度の ANA の旅客数が、会社更生手続中の JAL を上回
ることが確実となり、国内大手航空会社の首位交代が鮮明となる[22]。
2010 年度は東日本大震災の影響はあるものの、ANA は前年度から V
字回復を果たしている。こうした中、2011 年 2 月に発表された「2011

－12 年度 ANA グループ経営戦略」[23]において、他の交通機関との競争激化への懸念が示されている。具体的には、首都圏空港容量の拡大と航空自由化の進展により、アジア・欧米のメガキャリアや LCC との本格的な競争時代になるほか、九州新幹線の全通や北陸新幹線の開通なども、脅威になると予想された。これらの環境の下、21 世紀に勝ち残るエアライングループとなるために「変化する事業環境に対応し、さらなる成長に向けて事業構造をより強固な仕組みへ切り替える 2 カ年」と位置づけ、「経営資源の最大活用による経営効率の向上」と「基本品質と顧客満足の向上」を柱とすることが掲げられた。

　一方、国内政策の面では、2011－2013 年度の 3 年間、航空機燃料税の引き下げ措置を盛込む税制改正法が、2011 年 6 月に成立する。税制改正法により、2011－2013 年度は国内航空会社が国際競争力強化を強化するための「集中改革期間」と位置づけられ、航空行政の改革や、国内航空会社による自己改革が求められることとなった[24]。

　航空会社の自己改革が求められる中、2011 年 2 月、Peach の前身である「A&F Aviation 株式会社」[25]が設立され、その代表取締役 CEO に井上が就任する。当初の出資額は、ANA が 1005 万円、FE 社が 1000 万円、その他 1000 万円とされ、就航前までに国内投資家から出資を募り、最大 150 億円の増資が予定されていた。CEO の井上は、経営目標として「3 年目の単年度黒字を目指す」とし、低価格によってさらなる成長が見込まれるアジア地域における新たな訪日需要を喚起することとした[26]。

　さらに 2014 年度に実施される成田空港発着枠拡大を踏まえ、2011 年 7 月、ANA とエアアジアによる「エアアジア・ジャパン株式会社」[27]の設立が発表される。エアアジア・ジャパン株式会社は、成田空港を拠点とする LCC を運営する共同出資会社であり、その代表取締役 CEO には、ANA のアジア戦略室室長であった岩片が就任することとなる。また出資額は、ANA が 1000 万円とした上で、順次 50 億円まで増資予定とされ、出資比率は ANA = 67%、エアアジア = 33%（無議決権株式を含めて ANA = 51%、エアアジア = 49%）とされた。なお、エアアジ

ア・ジャパン株式会社は、2012年8月の運航開始を目指すとされていた。

　こうしてANAが設立したLCCは合計2社となり、日本就航を目指す海外勢への対抗の準備は、さらに進展することとなった。

4．持株会社への移行

　2012年2月、ANAは持株会社制度の導入を発表する[28]。持株会社化の背景としてANA社長の伊東は、「現状維持では競争相手に侵食される。時代は大きな節目を迎えている」[29]という危機感を示した。LCC 2社の就航を目前に控え、業務の効率化により環境変化に機敏に対応するためには、ANAが持株会社の傘下に入る純粋持株へ移行することが望ましいという経営判断であった。

　「2012-13年度ANAグループ経営戦略」[30]では、発着枠に大きな変化のない2012-2013年度の2年間を第1フェーズと位置づけている。第1フェーズでは、成長戦略の土台作りとして国際線ネットワークの拡充に取り組むとともに、①マルチブランド戦略の確立、②グループ経営体制改革、③構造改革によるコスト競争力強化という3つの戦略機軸が打ちたてられている。①マルチブランド戦略の確立では、前述のLCC 2社の事業展開により、ANAブランドの成長と合わせて、LCCブランドの市場浸透を図るとしている。具体的にはANAブランドではカバーしきれない領域に、2012年3月に就航したPeachと、8月に就航予定のエアアジア・ジャパンを投入することで、新規需要の創出を目指すとしている（図4-1）。②グループ経営体制改革では、2010年4月に7社あったグループエアラインを、2012年4月に3社体制に再編し、さらに2013年4月には持株会社制へ移行するものである。③構造改革によるコスト競争力強化では、2015年3月末までに、ユニットコスト[31] 1円の引下げにより、累計1000億円のコスト削減を実施するとしている。

　こうした中、国土交通省は2012年11月、羽田空港国内線の発着枠としてANA＝8枠、JAL＝3枠を、2013年3月に配分することを決定した[32]。1枠の獲得により年間平均20億〜30億の売上が期待できるこ

<フルサービス><ビジネス多頻度旅客>
<ハイエンドプレジャー>
- ユニットコスト低減によりコスト競争力をさらに強化
- フルサービスキャリアとしてアジアNo.1のプロダクトサービスを提供

- 国内線・国際線ネットワーク
- アライアンス・ジョイントベンチャーによる提携
- 小型から大型まで複数機種運航

ユニットコスト低位　　　　　　　　　　　　　　　　　　　ユニットコスト高位

- 成田空港発着ポイント・トゥ・ポイント（国内線＋国際線中短距離路線）
- エアバスA320型機を中心に短距離路線を単一機種運航（エアバスA330型機で中距離路線を運航）

<ノンフリル><ローエンドプレジャー>
<新規航空需要>
- 新たなビジネスモデルに基づき徹底的な低コスト運営体制を実現
- 他交通機関からのシフトも含めて新規航空需要を創出

- 関西空港発着ポイント・トゥ・ポイント（国内線＋国際線短距離路線）
- エアバスA320型機単一機種運航

図4-1　マルチブランド戦略における役割・機能
（出所）『アニュアルレポート 2010』p.24

の決定に対し、ANA 社長の伊東は、「羽田の枠を活用し、地方路線を充実してきた努力を評価していただいたと認識している」と述べている[33]。これにより ANA の発着枠は合計 171.5 枠、全体シェアは 37.4％となり、JAL（183.5 枠、40.1％）との差が縮小する。さらに、2012 年 12 月には、米国ファンド DCM 社の全保有株式を 24 億円で取得することで、ANA が北九州空港を拠点とするスターフライヤーの筆頭株主となることが発表された[34]。これにより ANA の国内線シェアは、出資先航空会社分を含め 50％超となるが、この状況について ANA 社長の伊東は、「提携先の航空会社のネットワークを活用しながら顧客の利便性向上に努めたい」と語っている[35]。

　2013 年 4 月 1 日、ANA は持株会社制への移行により商号を「ANA ホールディングス株式会社（以下、ANA HD)」へと変更する。これにより ANA と LCC 2 社などは別会社として権限委譲される一方、持株会社はグループ戦略の立案に専念する形となる。役員構成としては、ANA 会長の大橋洋治が ANA HD 会長に就任し、ANA 社長の伊東が、ANA HD 社長兼 ANA 取締役会長に就任する。さらに ANA 社長には副社長の篠辺修が昇格することとなった[36]。

　この新体制により示された「ANA グループ 2013 - 15 中期経営戦略」[37]では、「ANA グループは、お客様満足と価値創造で世界のリーディングエアライングループを目指す」という新たな経営ビジョンが掲げ

られ、「アジア No.1」の実現により世界の航空業界をリードする確固た
る地位を築くとしている。そのための取り組みとして、3つの戦略機軸
に加え、「事業領域の拡大と多角化の推進」が掲げられた。

Ⅲ．Peach Aviation 株式会社

1．Peach Aviation 株式会社の設立

【社名】Peach Aviation 株式会社[38]

【設立】2011 年 2 月 10 日

【代表】森 健明

【資本】150 億円

【売上】710 億円

【事業】航空運送事業（国内線・国際線）

【社員】1654 名

　Peach の経営チームは、CEO の井上をはじめ、COO の森健明（以
下、森）、CFO の岡村淳也（以下、岡村）、総合企画部長の遠藤哲（以下、
遠藤）など、ANA 出身者により構成されている。ANA では、日常業
務以外の新規事業などの際に、臨時的な社内プロジェクトが結成され、
井上、森、遠藤、岡村の 4 名は Peach の設立前から、幾度となく社内
プロジェクトに招集され、お互いに熟知している間柄であった。

　CEO の井上は、4 名のなかで唯一、他社から ANA への転職組であ
る。1982 年 4 月、新卒で三菱重工業株式会社へ入社した井上は、北京
や台湾への駐在を含む 8 年間の勤務を経て、1990 年 9 月に ANA に入
社する。ANA に入社した井上は、1995 年 3 月に人事勤労本部人事部に
配属後、マーケティング畑を中心に活躍する。2004 年 10 月には、北京
支店総務ディレクターとして中国に赴き、中国 10 支店 600 名の人事か
ら危機管理まで、まとめ役として活躍する。

　そうした中で井上は、2008 年 1 月、ANA 社長の山元峯生から、「ア
ジア戦略室長」に任命され、3 年以内に LCC を就航し、アジアの成長

を日本に取り込むよう命じられる。具体的には、ひとり香港に赴き、LCC に関する情報収集と人脈構築を通じて、LCC を日本に根づかせる準備を行うよう命じられたのであった。

　しかしながら、ゼロからのエアライン立ち上げと「3年で就航」という井上に課せられたプレッシャーはかなり大きいものであった。当時の ANA 社内に LCC の専門家がいないため、香港に身を置きながら独学で、井上は LCC の研究を進めていく。LCC 関係者の会議に出席するものの、FSC の社員であった井上は相手にされず、また欧米を中心とする LCC のビジネスモデルも腹に落ちないと感じていた。そこで、LCC など第一線で活躍する人物の話を直接聞くことで、失敗するかもしれないが、やるなら思い切りイノベーションを起こす決意をする。その結果、「空飛ぶ電車」という、低価格・高品質を表現する Peach のサービスコンセプトを固めていく[39]。

　こうした中、2009年11月にアジア戦略室に専任として遠藤が加わることとなる。遠藤は、父親の仕事の関係で、中学生の頃から海外在住経験があり、大学ではフランス語を専攻していた。1991年4月に ANA に入社し、成田空港支店旅客部に配属される。その後、ブリュッセル支店勤務や外務省欧亜局西欧第2課へ出向し、アライアンス室、マーケティング室、企画室ネットワーク戦略部を経て、アジア戦略室の専任メンバーとなる。さらに遠藤の参加から1年後の2010年10月には、後にPeach の CFO となる岡村がアジア戦略室に加わることとなる。岡村は、1992年4月に ANA に入社後、経理本部経理部財務課、ロンドン支店、企画室企画部を経て、アジア戦略室の専任メンバーとなる。

　当時の日本の航空業界は、規制緩和による航空自由化を含め大きく変化しつつあった。経済成長著しいアジアで No.1 になる経営目標を掲げ、既存ブランドとは異なる新たな需要創造の必要性を感じる ANA は2010年9月、FE 社と関西空港を拠点とする LCC 事業への共同出資を発表する。

　FE 社は、1988年に設立された、香港に拠点を置く投資会社であり、中国を中心にインフラ事業や不動産開発など多岐にわたる投資を行って

きた。FE 社は日本を訪問する中国人旅行者の増加という機会に対し、共同で事業開発を行うパートナーを求めていた。また当時、国土交通省の成長戦略に LCC 参入促進の可能性が盛り込まれたため[40]、両社は日本で LCC 事業を行うことに合意する。

　新会社の出資比率の方針は、国内投資家 = 66.7%（うち ANA = 40% 未満）、FE 社 = 33.3% と定められ、LCC の方向性としては、①独立性をもった経営、②低コスト運航を実現する事業構造、③これまでの常識を覆す低運賃の提供、という 3 つの条件が掲げられた[41]。これらのうち、①独立性をもった経営では、ANA との間で若干のカニバリゼーションが生じても、LCC の独立性を担保する[42]という、ANA 社長の伊東の LCC への思いが明確に示されていた。これは、親会社の関与が強すぎて参入に失敗した米大手航空会社の例から、LCC の成功には独立性の担保は欠かせないと考えられていたからである。

　LCC 設立を受け、アジア戦略室は 2010 年 12 月、「LCC 共同事業準備室」に拡大再編され、のちに Peach で COO としてオペレーションを担当する森も専任メンバーとして参加する。1987 年 4 月に ANA に入社した森は、大阪空港支店運航部に配属され、運航本部、オペレーション統括本部を経て、LCC 共同事業準備室に加わる。航空会社では、航空機を安全に運航させるオペレーションの役割は重要であり、新規航空会社の設立には、運航関連の許認可の専門知識をもつ人物が必要であった。当時オペレーション統括本部のリーダーを務めていた森は、ANA 側のプロジェクトメンバーとして研究会に参加していたが、LCC の知識を深める場と捉えており、自分たちで LCC を設立するとは考えてもいなかった。

　こうして ANA 社内に設置された LCC 共同事業準備室に、井上、遠藤、岡村、森をはじめ、さまざまな社内プロジェクトで活躍してきた 10 名が集結する。最初の準備として岡村は社外の投資家を探す一方、遠藤は投資家説明に必要な設立から 5 年間の事業計画の作成に取りかかる。これまで ANA では、航空関連子会社の設立や、スカイマーク株式会社などの新規航空会社設立時の技術支援などの経験はあったものの、

LCCを設立するのは初めての経験であった。LCC設立はANAにとって未知の領域であり、社内だけで取り組むには限界があった。そこでANAは、外資系エアライン専門のコンサルティング会社と契約を結び、派遣された数名のスタッフと共に会社設立に向けた準備を進めていく。

2011年2月、Peachの前身となる「A&F Aviation株式会社」が設立され、新会社の代表取締役CEOに井上が就任する。就航前までに国内投資家から最大で約150億円の増資を予定していたほか[43]、運航機材としては、A320-200型機が採択され、オペレーティングリースを通じて10機の導入が決定された。

2011年3月には、株式会社産業革新機構がA&F Aviation株式会社の株式を33.3%（1000万円）取得することとなる。これにより出資比率はANA＝33.4%、FE社＝33.3%、株式会社産業革新機構＝33.3%となり、持分会社適用によりANAからの独立性を担保するという当初の目的が完遂される。この2社の出資は、資金面での拡充をもたらすだけでなく、ボードミーティングを通じて現実的な事業計画を策定するという副次的な効果をもたらすことになる。

さらに2011年5月、エアラインのブランド名を「Peach」とすることが発表された。桃はアジア発祥の果物でポジティブなイメージがあり、日本の桃はアジアで人気が高いこと、Peachと英語表記することで世界中の人々に認識されやすいことなどが、ブランド名選定の主な理由であった。こうしてA&F Aviation株式会社は「Peach Aviation株式会社」へと変更され、本店所在地も大阪・関西空港内に移される。大阪拠点初の国内・国際線航空会社の誕生であった。

その後、2011年7月にPeachは航空運送事業許可を、さらに10月に混雑空港運航許可を取得する。11月に入ると、初号機が関西空港に到着し、既存株主の増資により資本金が予定額の約150億円へと達する。

2．就航と展開

2012年3月、Peachは日本発のLCCとして就航するが、それに向け

て社内ではさまざまなコストダウンが実施される。開業資金を最小限に抑えるため、設立から就航までは1年とされ、短期間で就航可能な空港の選定が行われた。具体的には、①機材稼働や増便を考慮した空港駐機場のキャパシティー上限、②チェックインカウンター増設工事による就航時期遅延の危険性、③高額な空港施設使用料によりLCCとして低運賃を維持できない可能性、などが検討された。これらの基準からPeachは主要拠点として、関西空港を選択する。

　関西空港ではLCC専用ターミナルが設置されるまで、コストの高い既存ターミナルは使用しないこととなる。代わりに、既存ターミナル隣の撤退したデパート跡をターミナルとして活用することで、コストを抑制しつつ会社設立から1年以内に就航するという、当初の目標を達成することを可能とした。

　一方、徹底した低コストの実現には、LCC単独による努力には限界もあった。そうした中、新関西空港株式会社の協力のもと2012年10月、LCC専用ターミナルとして、関西空港第2ターミナル（以下、第2ターミナル）が設立される。第2ターミナルは、シンプルな内観とともにコスト削減に向けさまざまな仕組みが導入された。例えば、航空機が滑走路に向かう際、牽引車によるプッシュバックが必要であるが、第2ターミナルでは駐機場の線上に斜めに駐機することで、牽引車による出発時のプッシュバックを不要とした。また航空機に搭乗する際、ボーディングブリッジは使用せず、乗客は第2ターミナルから徒歩で航空機に向かうこととした。これらは、Peachのターミナルの使用料を引き下げる、コスト削減効果の高い仕組みであった。

　このようにPeachではさまざまなコストダウンの取り組みが行われ、航空機についても、コストパフォーマンスの高いエアバスA320-200が採用されている。機体の購入方式としては、新造機を確実に受け取ることで期間損益を上げるため「オペレーティングリース方式」がとられ、さらに直近の3機の契約では、エアバス社から購入後、即座に転売をしてそこからリース契約を結ぶ「セールスアンドリースバック方式」がとられている。このようにPeachはメーカーとの交渉を通じ、航空業界

で高いコスト比率を占める航空機の調達コストの削減に取り組んでいる。その他のコストダウンの例としては、Peachのチェックイン機が挙げられる。筐体を段ボールで作成することにより、コストダウンと軽量化が図られている。さらに航空券がレシート形式で発行され、そこに就航先別の広告も入ることで、広告収入によりチェックイン端末のコストを回収することが可能となっている。

　一方でPeachはコストダウンの追求と同時に、設立時から徹底した安全推進体制の構築と、高い技術力に基づく運航品質の向上にも力を入れている。これらを実現する上でPeachは、安全運航に関する技術・ノウハウを、ANAから有償で提供されている。前述の通りANAはPeachの事業運営には干渉しないものの、公共交通機関最大の使命である安全に関しては協力を行っている。

　このように、低コストと高品質を両立させ、短期間でPeachを就航させることができたのは、井上、遠藤、岡村、森をはじめ経営チームの多くが、航空業界のプロフェッショナルであるANA出身者により構成された点が大きいといえる。一方で、Peachの経営チームをはじめ、ANA出身者がどのような立場でPeachに関与するかは、難しい課題であった。制度上、ANA出身者がPeachへ転籍することも、出向という立場でいずれはANAに戻ることも、どちらも可能となっていた。Peachで新たに正社員を雇用し、3年で黒字化、5年で累損解消という目標を達成させる立場であった森は当時の心境について、次のように語っている[44]。

　　「（ANAを）本当に辞めなきゃ駄目なのか、とも思いました。しかし私は、一番多くの社員を採用する部門の責任者として、うまくいかなくなったら自分だけANAに戻るようなことはできないと思いました。そこは腹をくくって、このLCCでしっかり実績を残すしかないなという気持ちでしたね。」

　当初からLCCに魅力を感じていた岡村と遠藤にとっては、転籍する

ことに全く迷いはなかったという。当時の心境について、岡村は次のように語っている。

　「ベンチャーの立上げでは、面白いことをしてやろうとか人のやっていないことをやろうとかいうことが、ものすごく大事です。ANAというブランドにぶらさがっていたいと思う人間には、（LCCの立上げは）絶対にできないと思います。」

また当時の心境について遠藤は、次のように語っている。

　「もともと航空会社が好きで入社してうれしいと思っていたわけですので、そうした人間が一から航空会社を立上げる機会を得られるなんて、こんな良いことはないと思いました。当時、LCCを研究する部門にいたANAの社員の立場からすると、このままでは、外資系航空会社が（日本のLCC市場に）入ってくるだろうし、それならば黙って見ているよりも商機と捉えて自分たちで（LCCを）やろうじゃないかという気持ちがありました。」

　Peachを就航・展開する上では、ANA出身の経営チームの他に、プロパー社員を新たに大量採用する必要があった。Peachでは、パイロットなど運航乗務員、客室乗務員、整備士といったプロフェッショナル人材の独自採用が、初期段階から実施されている。中でも運航乗務員を採用する際には、Peachの就航準備と同時期にJALが経営破綻するという追い風も存在した。パイロット養成には多くの時間とコストがかかるが、人材市場で獲得困難な優秀なベテランパイロットを、初期に大量採用できたことが、後のPeachの発展の柱となっている。
　また円滑な就航に繋げるには、多様な背景を持つ集団である一方、価値観をはじめとする志を同じくし、社員同士の結束を高めることが重要となる。そのためにPeachでは、採用基準を明確に定めたほか、「安全第一」「理解と尊重」「1円に拘りながら創意工夫」「働くことを楽しも

う」「上を目指していこう」といった価値観を「Peach Spirit」として全社で共有している。

Ⅳ. バニラ・エア株式会社

1. エアアジア・ジャパン株式会社の設立

【社名】バニラ・エア株式会社[45]
【設立】2011 年 8 月 31 日
【代表】五島勝也
【資本】150 億円
【売上】331 億円
【事業】航空運送事業（国内線・国際線）
【社員】700 名

　2011 年 8 月、ANA はエアアジアと共同出資会社である「エアアジア・ジャパン株式会社（以下、エアアジア・ジャパン）」を設立する。前述の Peach の事例とは異なり、海外 LCC 大手であるエアアジアとの共同出資によるジョイントベンチャーという方法が選択された。国内における航空会社の設立は外国資本の規制対象であるため、ANA ＝ 67％、エアアジア ＝ 33％を出資し[46]、2012 年 8 月に、成田空港を拠点として国内線と国際線の就航を目指すこととなった。
　エアアジア・ジャパンは、ANA の連結子会社にはなるものの、ブランドやビジネスモデルはエアアジアを主体としている。エアアジア・ジャパン CEO の岩片は、エアアジアの予約システムを使用することで、「日本語ページから国内線だけでなく海外のエアアジア便のチケットも購入でき、強力なエアアジアブランドも活用できる」としている[47]。航空機に関しては、エアアジアが調達した機材を使用し、そのリース料をエアアジアへ支払う方法が選択された。さらに、ユニットコストを ANA の 13 円から 6 円に圧縮することで、運航に関するコストを ANA の半分以下に抑えることを目標とした[48]。

設立準備に関しては、LCC のノウハウを持つエアアジア主導で進められたものの、人事の面では、ANA 出身の岩片がエアアジア・ジャパン CEO に就任する。岩片は、商社勤務後、1988 年に ANA に入社する。その後、経営企画室などを経て 2010 年にアジア戦略室長となる。岩片は、ANA の担当者としてエアアジアとの交渉をまとめた経緯から、慎重派が大半を占める ANA 社内で航空自由化への準備の必要性を早くから提唱していた。みずからエアアジアと交渉することで、結果的に航空自由化への備えはできたものの、10 年でアジア最大の LCC となったエアアジアの成長の秘訣を、交渉を通じて垣間見たという。そのため岩片は、エアアジア・ジャパンの設立において、上下関係や縦割りのないエアアジア本社の組織の雰囲気を目指したとされる[49]。

　こうして設立から 1 年が経過した 2012 年 8 月、エアアジア・ジャパンは国内 3 番目の LCC として、拠点である成田空港から、新千歳、福岡へ就航し、直後には、東京（成田）－沖縄便が就航することで、合計で週 82 便の運航となった。さらに 2012 年 10 月、初の国際線として東京（成田）－仁川へ就航を開始する。

　旅行需要が増える繁忙期と重なったこともあり、エアアジア・ジャパンの目標である 80% 台の搭乗率を就航当初は確保することができたが、旅行需要が落ち着く秋以降は陰りを見せはじめていた。

　さらに、冬の時期を迎える新千歳空港では、積雪という新たな課題が追い打ちをかけていた。エアアジア・ジャパンが拠点とする成田空港は、24 時間運用可能な空港ではなく、航空機が離発着できる時間は午前 6 時から午後 11 時までに限られており[50]、積雪問題による遅延は、航空機の効率的運用でコストを下げる LCC のビジネスモデルにとって、大きな痛手となりかねない。こうした新千歳空港の積雪問題は、雪とは無縁のマレーシアを中心に LCC を運航してきたエアアジアには、未知の体験であった。最終的にエアアジア・ジャパンは、折り返し時間を通常の 25 分から、新千歳空港では 30 分に延長することで対応したが、十分な対応とは言えない状況であった。こうして 2012 年 11 月に 80% 台だったエアアジア・ジャパンの定時出発率は、12 月には 61% ま

で低下する。この結果、繁忙期である年末年始の搭乗率は80％を大幅に割り込み、国内LCC3社の中で最低の数値となった[51]。

こうした中、CEOの岩片は代表権のない会長に就任し、運航や安全業務を設立時から統括していた、ANA出身でエアアジア・ジャパン取締役の小田切義憲（以下、小田切）が代表取締役兼最高経営責任者（CEO）に昇格することとなる。また取締役についても10人から7人に減らすことで、意思決定の迅速化が図られた[52]。

新体制のもと、2013年3月末には国内LCCとして初となる中部−福岡便の就航が発表される。これにより24時間運用可能な中部国際空港（以下、中部空港）を、成田空港に続く第2の拠点とすることで、伸び悩む搭乗率の拡大を図るとされる[53]。しかし就航当初は84％あった搭乗率は、2012年9月以降、50〜60％台に低迷し、8〜11月を通しても65％と、目標に程遠い搭乗率が続いていた。エアアジアブランドにより、日本にLCC旋風を巻起こすために設立されたエアアジア・ジャパンであったが、就航後は予想を超えた苦戦を強いられていた。

一方で、ANAは2013年4月にANA HDとなり、持株会社制へと移行した。これとともに、FSCとは異なるLCC事業を新たな柱として掲げ、ANAブランドでは難しかった低価格による新規需要の創出を目指すことが発表されていた。

2．ジョイントベンチャーの解消と成長戦略の再構築

2013年6月、ANA HDとエアアジアは、エアアジア・ジャパンでのジョイントベンチャーの解消を発表する。就航から1年足らずで解消に至る背景には、平均搭乗率の低迷により2012年度には営業赤字が35億円に膨らみ、エアアジア・グループCEOのトニー・フェルナンデスによると、「これ以上の損失を見過ごすわけにはいかなかった」とされる[54]。

また、日本のきめ細やかなサービスを取り入れたLCCを目指すANAと、格安モデルに固執するエアアジアとの隔たりも大きかったとされる。ANA HDグループ経営戦略部長の清水信三によると、アジア

最大の LCC であるエアアジアのブランドとノウハウを活用し、日本市場での新規需要を目指したものの、「エアアジアのやり方を日本に持ち込むことに限界があった」とされる[55]。中でも、英語表記が多く、他社と比較してアクセスに時間のかかるネット予約システムと、それに特化した販売手法に問題があるとされていた。これらはエアアジアが東南アジアで成功したビジネスモデルだが、日本では評価されずに利用客が低迷する要因となっていた[56]。

　ジョイントベンチャー解消に伴い、ANA HD は 2013 年 6 月、エアアジアが保有するエアアジア・ジャパン株式の 49％を 24 億 5000 万円で取得し、100％子会社とする。その上で、2013 年 10 月まではエアアジア・ジャパンとしてこれまで通り運航を続け、11 月以降は保有している機材 5 機すべてをエアアジアに返却し、ANA 主導で新たなブランドを立上げる方針が示された[57]。

3．新会社への準備

　2013 年 8 月、エアアジア・ジャパンは新社名および新ブランド名を発表する。2013 年 11 月からの新ブランド名は「バニラエア（和文）／ Vanilla Air（英文）」に、新社名は「バニラ・エア株式会社（和文）／ Vanilla Air Inc.（英文）」に変更され、成田空港を拠点に国内外のプレジャー・リゾート路線を展開する新たな形の LCC を目指すこととなった[58]。

　人事面では、エアアジア・ジャパン CEO の小田切の退社に伴い、新たな代表取締役に AIRDO の営業本部長であった石井知祥（以下、石井）がバニラ・エアの社長に就任した。石井は 1974 年 4 月に ANA に入社し、大阪空港支店旅客部に配属される。その後、営業本部国際部、販売本部、国内および海外支店の支店長を経て、2010 年 7 月には、北海道国際航空株式会社（現: 株式会社 AIRDO）の営業本部長となる。またバニラ・エアの副社長には、五島勝也（以下、五島）が就任する。五島は 1987 年 4 月に ANA に入社し、大阪空港支店旅客部に配属される。その後、大学院で修士課程を修了し、営業本部業務部、社長室事業計画

部、客室本部、スターアライアンス（出向）、ANA HD という経歴をもつ。スターアライアンスへの出向では、ヨーロッパでも LCC が一番の脅威であることを理解する。しかし、日本における航空新規参入規制の厳しさ、中でも特に安全規制をよく知る五島は、ANA が LCC の設立を決めた際の印象について、次のように語っている。

　　「ANA が LCC をつくると聞いたとき、国内線もないのになぜ設立するのかと思いました。しかし日本にもいずれ LCC の波が押し寄せてくるのはわかっていたのですから、過去を振り返ると LCC を設立したのは 1 つの選択肢として間違いではなかったと思います。」

　新社名・新ブランド、そして新たな役員体制の下、ANA HD の子会社として、バニラ・エアは新たなスタートを切ることとなる。3 年以内の営業黒字化を目指し、安定した運航体制の確立により就航率や定時出発率などの運航品質を高め、航空会社としてブランド価値向上を図るとされた。ブランドを再構築する上で力を入れたのは、利用者から評判が悪かった予約サイトの改善である。バニラ・エア営業部長の近藤寛之によると、世界中の航空会社のサイトを分析し、最低限の入力で済むレイアウトを考えるために「毎日何時間も議論し、通常なら 2 年かかる作業を 4 ヵ月で終えた」とされる[59]。また、手荷物を 20kg まで無料とすることで、FSC に馴れている日本の利用者の LCC へのハードルを下げる新たな取り組みも実施している。ターゲット層としては若者に加え、ファミリー層に焦点をあてることで、幅広い層の新規需要を開拓し、ANA グループ全体の収益向上を目指すとしている。
　一方で、既に運航している LCC を再スタートさせることによる課題も多かった。2013 年 7 月に ANA 社内でプロジェクトが始まった際には、航空機をエアアジアへ返却し、路線ネットワークを縮小しながら、新たなサイトの構築やサービス、ブランドの選定を、同時に少人数で進めなければならなかった。そうした中、エアアジアから調達していた機材を前倒しで返却することが求められ、9 月〜 10 月の間に、600 便を欠

航する事態となり[60]、これにより第2の拠点として路線網を拡充する予定であった中部空港からは事実上撤退せざるを得なくなる。さらに、運用時間の制限がある成田空港路線を軌道に乗せるため、単価の高い国際線を重点展開する戦略に転換し、付帯収入比率をこれまでの17%から25%へと引き上げることで、収益性を高めるとされた。社長の石井は機材については、「これまでは航空機の数が少なく競争力で劣った」とされる5機体制から、2015年度末までに10機体制に増強し[61]、新たな就航地の選定については、「リゾート、レジャーで展開したときに集客できビジネスとしても継続できるかを重視する」とした[62]。また、エアアジア・ジャパンから引き継いだ400人の社員にどう対応するかという課題もあった。

バニラ・エアが新たにターゲットとするファミリー層を含む、幅広い層のニーズに対応するためには、エアアジア流のサービスから日本に合うサービスへと転換する必要があった。その方法として、全社員を少人数のグループに分けたミーティングが重ねられ、LCCの現場を経験した社員が、熱い想いを持ってゼロからブランドを再構築する仕組みがつくられた。そして2013年12月の運航開始に向け、全社員がアイデアや意見交換を行うことで、顧客の旅への「ワクワク感」を盛上げていったとされる[63]。こうして新たにバニラ・エアとしての再出発の準備が進められていった。

4．就航と再展開

2013年12月、バニラ・エアは社名とサービス方針を一新して、東京（成田）－沖縄線と東京（成田）－台北線へと就航する。また、2016年9月には国内LCCで初めて以遠権を活用し、東京（成田）－ホーチミン（台北経由）線を開設する。2017年4月時点の就航路線は、国内線7路線、国際線7路線の合計14路線に達している。機材については、A320-200型機2機体制からスタートし、その後は12機体制で運航を行っている。2020年度までには、ANAグループの購買力を背景に、コスト削減につながる機材の購入方式を検討しつつ、最終的に25機体制

で運航を行う計画となっている。こうして機材数の増加と就航路線の拡大により搭乗者数は順調に増加し、2017年3月には累積搭乗者数が500万人を突破した。さらに保有機材の増加と路線の新設に合わせて機材繰りを行い、Peachが拠点とする関西線へも就航することで稼働率を高めるとした。

バニラ・エアの経営チームとしては、2015年度の黒字化が確定したことで、2016年4月に副社長の五島が社長に昇格し、社長の石井は代表権のある会長に就任する。その他の経営チームのメンバーも、副社長の山室美緒子、オペレーション本部長の北原宏などANAからの出向組により構成されている。また部長クラスのほとんどもANAからの出向者、転籍者、ANA関係者で占められており、こうした経営チームの構成について五島は、次のように語っている。

「航空会社の運営には、それなりのスキルが必要とされるが、日本では人材の流動性があまりなくノウハウを持った人が非常に限られている。そのため、出向者によってスキルを伝授してもらうのは大きいです。」

このように、当時はANAグループの人材およびノウハウを活用しながらの運営であるが、将来はバニラ・エアのプロパー社員が成長することで、自分たちで運営ができるようになることを目指すとしている。またプロフェッショナル人材の採用という点では、JALの経営破綻と時期が重なったことで、経験豊富で優秀な運航乗務員が就航に合わせて採用できたという追い風もあった。その一方で、2014年6月には、運航乗務員の確保ができずに「計画欠航」を行わなければいけない事態にも陥っている。当時の状況について五島は、次のように語っている。

「ちょうどエアアジア・ジャパンからバニラ・エアに変わって半年ぐらいのときでした。退社する人はいても新規の採用にひとは集まらず苦しいときでした。その後、運航が安定してくることで採用するこ

とができました。そういう意味では、安定したオペレーションができることは非常に大事なことです。」

オペレーションの安定は、2016年度のバニラ・エアの数字として示されている。具体的には、就航率は98.9％、定時出発率は80.7％に達している。

2013年12月の就航以来バニラ・エアは、レジャー・リゾート路線の開拓を担うANAグループの1社として、顧客の安心と信頼を獲得できる運航品質と「迷わず買って、乗れる」シンプルなサービスによる低運賃を両立させることで、成田発LCC No.1を目指している。この方向を実践した成功モデルが、奄美大島路線の就航となる。鹿児島県に位置する奄美大島は、これまでもJALが運航を行っていたが、バニラ・エアの就航により手頃な運賃での来訪が可能となった。その結果、年間10万人以上が現地を訪れる経済効果により、地域の活性化につながったという。奄美大島路線をはじめとする国内線の顧客属性としては、20〜30代の日本人女性中心であり、時期を選ばず積極的に出かけるなどフットワークが軽く、そのことが利用増につながったと考えられる。また国際線の利用者の約7割がインバウンドの訪日客となっている。このようにバニラ・エアは、ANAグループ・マルチブランド戦略の重要な一翼を担っているとされる。

またバニラ・エアの価値の中核をなすのが、安全に対する取り組みである。バニラ・エアでは、FSCとLCCとの間に違いがないことを安全実績により示すことで、LCCへの間違った認識や不安を払拭することを重要な役割としている。具体的には、バニラ・エアでは、「安心＝LCCの運航品質No.1」、「規模＝成田発のLCC No.1」、「挑戦＝LCCモデルの進化」の3点を、目標に掲げている。

1点目の運航品質No.1を目指すためには、安全運航を基本としつつ、定時出発率や欠航率の数字に基づき、運航品質を高める必要がある。2点目の成田空港を拠点とするLCCとしてNo.1を実現するためには、便数、旅客数、利用率、営業利益率で第1位を獲得し、利便性を高

めると同時に、さらなるコスト競争力を高める必要がある。3点目の
LCC モデル進化では、新たな運航形態や路線展開、商品開発を推進し、
バニラエアアイデンティをつくることで、他社との差別化を図るとして
いる。

Ⅴ．ANA 傘下での LCC 事業の本格化

1．Peach の連結子会社化

　2017年2月、Peach の株式を保持する3社は資本構成変更に合意し、
ANA HD が 304 億円で株式を取得する株式譲渡契約を締結する[64]。こ
の株式取得により 2017 年 4 月、ANA HD は Peach の出資比率を現状
の 38.7%から 67%へ引き上げ、連結子会社化する。これにより、ANA
HD の LCC は、バニラ・エアと Peach の2社となる。既に ANA HD
の完全子会社となったバニラ・エアは、ブランドの再構築、機材の増加
により運航品質が改善され、設立5年目に単独黒字化を達成する。累積
損失の一掃という課題は残されていたものの、ANA グループの収益の
足を引張る赤字状況からは脱却していた。

　Peach については、2011 年の創業から順調に事業を拡大し、2013 年
度には日本の LCC 初となる単年度黒字化し、2015 年度には3期連続の
増収増益を達成することで、累積損失を解消している。その背景には、
FSC とは異なる新たな顧客層を開拓した点が挙げられる。図 4-2 の通
り、Peach の顧客属性は FSC とは異なり、個人旅行目的で利用する 20
～ 30 代の男女や外国人が中心となり、ANA との間のカニバリゼーシ
ョンの構図はなくなっている。こうした中、ANA HD は、Peach のさ
らなる成長のために、連結子会社が最適と判断したのであった。

　また ANA HD 社長の片野坂によれば、Peach を連結子会社化するこ
とで、「成長する Peach の企業価値を取り込みたい」[65]という別の狙い
もあった。ANA HD は世界のリーディングエアライングループを目標
に掲げ、2017 年度以降の4年間の施策を「2016 - 2020 年度　ANA グ
ループ中期経営戦略ローリング版 2017」に取りまとめ[66]、LCC を国内

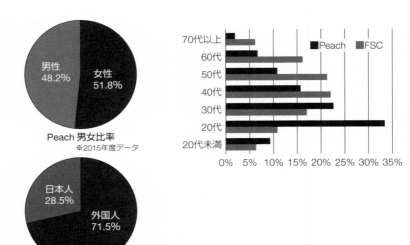

図4-2 Peachの顧客属性（2015年度）
（出所）和田・新藤（2017）p.171より引用・改変

線、国際線、貨物に次ぐ第4の柱に位置づけている。世界的にはLCC
市場は成熟化しているが、北東アジア市場のLCCシェアは、2016年時
点で国内線が約10%、国際線が約14%と他の地域と比べて低く、市場
のさらなる成長が期待される。そのためANA HDではLCCを、FSC
とは異なる価格設定やサービスを通じて、国内外の新たな航空機利用者
を開拓する役割と位置づけた上、LCC 2社の独立性は担保しつつ、両
社の連携による徹底した効率化を追求するとされる。

　2016年度のANA HDの連結決算は、売上高1兆7652億円、当期純
利益は過去最高の988億円となった。LCCを除く航空事業の売上は、
国内線旅客収入が73億円の減収（前年度比 − 1.1%）、国際線旅客収入が
10億円の増収（前年度比 + 0.2%）となった[67]。ANA HDとしては今後、
LCC事業とFSCによるマルチブランド戦略を加速させ、2020年以降の
「成長ステージへの備えの強化」を行うとされる。

　それでは、創業期を過ぎて新たなフェーズに臨むPeachにとって

ANA HD の傘下に入ることはどのような意味をもつのだろうか。

　前述の通り、日本の国内線に占める LCC シェアは海外と比較して、十分な成長余地がある。これらの成長余地を取り込むためには、路線の拡充とともに、機材調達、人材確保など拡大に向けた準備が必要となる。2016 年度には、4 期連続の増収増益となり、過去最高益を更新した Peach であったが近年、航空機燃料の高騰や海外 LCC との競争に直面し、コスト競争力の向上が課題となっていた。そのため、今回の連結子会社化を機に ANA HD との連携を高めることでスケールメリットを活用し、航空機や燃料調達のコスト削減が期待される。

　一方で、子会社化により独自性が失われるのではないかという懸念も存在する。Peach はこれまで、業界常識にとらわれないサービスを提供し、国内外の新規需要を開拓することで成長を続けてきた。そのため ANA HD としては、Peach の独自性を担保しつつグループ全体の相乗効果を図る必要がある。この点について ANA HD 社長の片野坂は、「しばらくはピーチとバニラを切磋琢磨させ、成長させたい」とし[68]、LCC 2 社の独自性を維持しつつ、LCC 市場での成長を求めていくとしている。また、ANA との予約システムの共通化やコードシェアについては Peach CEO の井上も「一切やらない」[69]と方針を明らかにしている。

２．LCC 事業の統合と本格化

　2017 年度の ANA HD の連結純利益は出張需要の増加などにより、3 期連続の前期比増となった[70]。当時の経営環境としては、アジア・新興国の経済成長による訪日需要の増大、2020 年の東京オリンピック・パラリンピックの開催、首都圏空港発着枠拡大など、ANA HD にとって多くのビジネスチャンスが予想された。こうした中、ANA HD では 2018 〜 2022 年度の中期経営戦略として、LCC 2 社の連携とアジア全域をカバーする中距離 LCC の強化が掲げられていた[71]。

　ANA HD 上席執行役員である芝田浩二は、中距離 LCC について「将来的に片道 9 時間の距離を想定している」[72]とした上で、ANA が就航していない空白エリアに LCC 2 社を活用することで、旅客需要を取り

込んでいく方針を示した。就航地については需要の高い路線から開設し、2022 年度の LCC 事業の売上を 2017 年度の 2 倍に引き上げる見込みとしている。このように、ANA HD では LCC 事業を新たな成長戦略の中核に掲げ、「ANA」ブランドではできない低価格による新規需要を開拓し、ANA HD 全体への収益貢献を目指している[73]。

　こうした中、ANA HD は 2018 年 3 月、Peach とバニラ・エアの 2 社について、2019 年末までに Peach へ統合することを発表した[74]。

　LCC 2 社の独立性を担保する方針から、一転して統合へと舵を切った背景についてバニラ・エア社長である五島は、「訪日需要の急成長で海外 LCC が日本市場に参入している」[75]として海外 LCC との競争激化を挙げている。また Peach CEO である井上は、「東京五輪を控えて競争環境が激化している。このタイミングで統合することがベストと考える」[76]と今回の統合の意図を説明している。

　ANA HD では LCC 2 社の統合に向けて、Peach の資本構成の変更と統合方法が検討された。資本構成の変更については、2018 年 4 月を目途に ANA HD が他株主 2 社から Peach の株式を 113 億円で取得し、保有比率を 67％から 77.9％へと引き上げるとされた[77]。その後、2018 年度中に ANA HD が保有するバニラ・エアの株式すべてを Peach に売却する計画が示された。また LCC の経営体制については、2018 年 10 月にバニラ・エア社長の五島が退任し、Peach CEO の井上がバニラ・エアの代表取締役社長を兼務することが決定され[78]、LCC 2 社の統合を目指す体制が整えられた。

　2019 年 10 月、5 年 10 カ月にわたるバニラ・エアの運航が終了し、また 11 月にバニラ・エアの社員が Peach へ転籍することで、両社の統合は完了する。統合により Peach は、年間輸送旅客数では国内第 3 位の航空会社であると同時に、国内最大手の LCC となる。統合後は、LCC 2 社の強みを融合し、国内需要を開拓するとともに、政府目標に合わせて訪日外国人旅行者の獲得を目指すとしている。Peach CEO の井上によれば、2020 年をめどに関西空港を含む国内 4 拠点空港から、「ハブ機能を持つ空港があるなど周辺からの集客が期待できる」とする就航先

に[79]、中距離路線の就航を目指す意向とされる。こうした統合による効率化を含め、Peach は 2020 年度に、売上高 1500 億円、営業利益 150 億円を目指すとされる。さらに 2020 年以降は、50 機を超える機材と国内線・国際線を合わせて 50 以上の路線で日本とアジアを繋ぎ、ANA HD 傘下の LCC として、アジアの「リーディング LCC」[80]になるとしている。

　一方、LCC をサポートする ANA HD は、2020 年 3 月の首都圏空港発着枠の拡大を見据え、羽田空港と成田空港の「デュアルハブ」戦略をさらに推進する方針を示している。ANA HD 社長の片野坂は、成田空港を拠点化する Peach の国内線を増やすことで、「仕事では ANA、家族では Peach を使うというような ANA 経済圏を作りたい」[81]とグループ内の役割分担を明確化している。

VI. ディスカッション

1. コーポレート・ベンチャリングへのコンテクストの影響

　本章では、ANA HD により設立された Peach とバニラ・エアの事例を取り上げているが、以降では、本事例のポイントとして、以下の 2 点について議論を行う。

　第 1 に、本事例では、環境と組織コンテクストという「コンテクスト」が、ANA HD によるコーポレート・ベンチャリング（以下、CV）に影響を与えていることがわかる。

　1 点目の「環境」の具体的内容としては、海外における LCC 需要の拡大、規制緩和による航空自由化の推進、成田空港と羽田空港の発着枠拡大、LCC 参入促進による国土交通省の成長戦略が挙げられる。この構図をより俯瞰的に見た場合、規制緩和により世界各地で LCC の市場シェアが拡大する中、日本は LCC 空白地帯といわれ、海外航空会社が参入の機会を伺っていた。また同時に、成田空港と羽田空港では、新滑走路の運用に伴う発着枠の大幅拡大が見込まれており、海外航空会社の新規参入には絶好のタイミングとなっていた。さらに、羽田空港では、

海外 LCC として初めて、マレーシアのエアアジア X が 2010 年 12 月に就航し、ANA の戦略にも影響を与える可能性が示唆されていた。

　2 点目の「組織コンテクスト」の具体的内容としては、アジア戦略室の新設と、持株会社である ANA HD への移行、が挙げられる。

　アジア戦略室の新設とは、2008 年 1 月に ANA 社内に新設されたアジア戦略室が LCC 2 社の CV のトリガーになったことを意味している。具体的には、アジア戦略室を中心に、市場拡大が進むアジアの LCC を調査した結果、海外 LCC が日本に参入すれば手強い相手となるという結論が出されていた。またそれが契機となり、2014 年度には、成田空港の発着枠の大幅な拡大が見込まれる中、LCC を迅速に立ち上げる必要性が社内で検討されていた。

　持株会社である ANA HD への移行とは、2013 年 4 月に ANA が ANA HD を設立し、持株会社制に移行したことを意味している。これにより、持株会社制のメリットである全社戦略と事業戦略の分離が可能となり、全社戦略のレベルでは、FSC と LCC とを組合わせたマルチブランド戦略を掲げることが可能となっている。

　このように本事例では、環境と組織コンテクストという「コンテクスト」が、LCC 2 社の創出に、大きな影響を与えていることがわかる。

2．イントレプレナーの選抜・育成

　第 2 に、本事例では、コーポレート・ベンチャリング（CV）の鍵となるイントレプレナー（またはその予備群）が、さまざまなかたちで選抜・育成されていることが伺える。第 2 章の先行研究の議論では CV、中でも内部指向型 CV において、イントレプレナーが社内ベンチャーの創出の重要な鍵となっている。一方で、既存企業内でイントレプレナーとして適切な人材を見出すのは難しく、また組織間の嫉妬や不信といった要因が、社内ベンチャー成功の妨げになるという課題も存在する[82]。こうした課題もある中、ANA 社内では、イントレプレナーとして適切な人材をどのように見出し、育成してきたのだろうか。

　例えば、前述のアジア戦略室の歴代室長には、後に Peach の CEO に

就任する井上や、初代エアアジア・ジャパンの CEO に就任する岩片が含まれるなど、LCC の経営者を輩出するインキュベーターの役割を果たしている。さらに、イントレプレナーの選抜・育成については、社内ベンチャーである Peach の事例において、より顕著となっている。

　前述の通り、Peach の設立では、CEO の井上をはじめ経営チームの多くが、ANA 出身者で構成されており、イントレプレナーを中心に、社内ベンチャーが推し進められてきたことが明示されている。こうしたイントレプレナーを輩出した背景には、ANA で実施されてきた「社内プロジェクト」の存在が挙げられる。ANA では、日常業務以外の新規事業などで「社内プロジェクト」が結成され、必要に応じて対応が行われていた。Peach の経営チームの多くも、過去に幾度となく「社内プロジェクト」に招集されたメンバーであり、相互に熟知する間柄であったという。このように、各分野の専門性をもつ人材が、日常業務以外の社内プロジェクトに参加することを通じて、相互の関係性や新規事業に関する経験値を高め、イントレプレナーとして適切な人材として育成されていったものと考える。

　さらに社内ベンチャーの成功の妨げになる要因としては、組織間の嫉妬や不信といったリスクも存在する。これらリスクへの対応としては、社内のさまざまな部門から人材を募り、多様なプロジェクトへ参加することで、部門間の相互理解が深まり、コンフリクトが解消されていくものと考える。このように ANA では、部門を横断して人材が集う社内プロジェクトの実施が、イントレプレナーを育成する場となっていることが示唆される。

注

1) 概要の数値などは、ANA ホールディングス株式会社『有価証券報告書』(第 70 期) のデータより引用している。事業における売上構成比率は、小数点以下を切り捨て表示している。なお『有価証券報告書』をはじめとする社内資料には、発行時期により「ANA」のものと、「ANA HD」のものが混在するが、以降では発行時期を問わず「ANA HD」と表記する。

2) 本事例の内容は、和田 (2018；2019)、和田・新藤 (2017) をベースとして、加筆・修正したものとなる。

3) LCC については、国土交通省国土交通政策研究所 (2014；2015；2017) を主に参照した。

4) Peach Aviation 株式会社の前身は A&F Aviation 株式会社であり、2011 年 5 月 24 日に現社名に変更されている。

5) バニラ・エア株式会社については、会社名は 「バニラ・エア株式会社」、ブランド名は「バニ ラエア」となっており、会社名とブランド名と の間で「・」の有無の違いがある。なお本書は 「会社」に関する議論のため、同社のブランド に関する議論を除き、本文中では「バニラ・エ ア」という略称を統一的に用いることとする。

6) Peach Aviation『Press Release』(2019年 11月1日)。

7) ANA HD『Press Release』(2008年1月15 日)。

8)『日本経済新聞』(2008年8月30日付)。

9) ANA HD ホーム ページ (https://www.ana. co.jp/ir/kabu_info/ana_vision/pdf/58tq/05. pdf)。

10) ANA HD『Press Release』(2010年1月4 日)。

11) 同上 (2010年3月19日)。

12) 同上 (2010年6月30日)。

13) 国内提携5社とは、アイベックスエアライン ズ株式会社、スカイネットアジア航空株式会 社、北海道国際航空株式会社、オリエンタルエ アブリッジ株式会社、株式会社スターフライヤ ー、を意味する (ANA HD『アニュアルレポー ト2010』p.25)。

14) ANA HD『Press Release』(2010年9月9 日)。

15)『日本経済新聞』(2010年9月10日付)。

16) ANA HD『Press Release』(2010年12月1 日)。

17) 国土交通省報道発表資料「日米オープンスカイ の実施及び羽田の国際化について」(2010年 10月22日)。

18) ANA HD『Press Release』(2009年11月 10日)。

19)『日本経済新聞』(2010年12月10日付)。

20) 同上 (2010年12月30日付)。

21) エア・アジアX、ジェットスター航空、セブ・ パシフィック航空、済州航空、エアプサンの 5社。

22)『日本経済新聞』(2011年3月11日付)。

23) ANA HD『Press Release』(2011年2月24 日)。

24) 国土交通省航空局 (2011)。

25) ANA HD『Press Release』(2011年2月1 日)。

26)『日本経済新聞』(2011年2月11日付)。

27) ANA HD『Press Release』(2011年7月21 日)。

28) 同上 (2012年2月17日)。

29)『日本経済新聞』(2012年1月26日付)。

30) ANA HD『アニュアルレポート2012』pp.20- 26、『Press Release』(2012年2月17日)。

31) 航空機の1座席を1キロ運ぶコストであり、 航空会社の採算性を示している。

32) 国土交通省報道発表資料「羽田空港国内線発着 枠 (25便) の配分について」(2012年11月 30日)。

33)『日本経済新聞』(2012年12月1日付)。

34) 同上 (2012年12月14日付)。

35) 同上 (2012年12月15日付)。

36) ANA HD『Press Release』(2013年2月28 日)。

37) ANA HD『アニュアルレポート2013』。

38)【売上】については2020年3月時点の数字を 用いている。

39)『東洋経済オンライン』(2014年1月8日号)。

40) 国土交通省報道発表資料 (注釈17:2010年 10月22日) の航空分野のテーマ別政策検討 では、LCCの参入促進による利用者メリット の拡大が示されていた。

41) ANA HD『Press Release』(2010年9月9 日)。

42)『日本経済新聞』(2011年5月25日付)。

43) Peach Aviation『Press Release』(2011年2 月10日)。

44) 以降、Peach およびバニラ・エアに関する当 事者の発言のうち、出所の記載がないものは、 和田 (2018;2019)、和田・新藤 (2017) より引用した。

45)【売上】については2019年3月時点の数字 を、【社員】については2018年3月時点の数 字をそれぞれ用いている。

46) 無議決権株式を含む比率は、ANA51＝%、エ アアジア＝49%となっている。

47)『週刊東洋経済』(2014年4月7日)。

48)『日本経済新聞』(2012年8月9日付)。

49) 同上 (2012年7月31日付)。

50) 国土交通省は、2013年3月31日から航空会 社の努力では対応できないやむを得ない場合、 23時〜24時に限り離着陸を認める「離着陸 制限 (カーフュー) の弾力的運用」を開始する と発表している。

51)『日経産業新聞』(2013年1月8日付)。

52) 同上（2012 年 12 月 18 日付）。
53) 同上（2012 年 12 月 27 日付）。
54) 同上（2012 年 6 月 26 日付）。
55) 『格安エアライン利用ガイド 2013-14（イカ
　　ロスムック）』（2013 年 7 月 4 日）
56) 『日本経済新聞』（2013 年 6 月 11 日付）。
57) 同上（2012 年 6 月 26 日付）。
58) バニラ・エア『Press Release』（2013 年 8 月
　　20 日）。
59) 『日本経済新聞』（2014 年 4 月 23 日付）。
60) 同上（2013 年 7 月 27 日付）。
61) 同上（2013 年 9 月 2 日付）。
62) 同上（2013 年 10 月 1 日付）。
63) バニラ・エア『Press Release』（2013 年 9 月
　　30 日）。
64) ANA HD『Press Release』（2017 年 2 月 24
　　日）。
65) 『日本経済新聞』（2017 年 2 月 25 日付）。
66) ANA HD『Press Release』（2017 年 4 月 28
　　日）。
67) 同上。
68) 『日本経済新聞』（2017 年 2 月 25 日付）。
69) 同上。
70) ANA HD『Press Release』（2018 年 4 月 27
　　日）。
71) 同上（2018 年 2 月 1 日）。
72) 『日本経済新聞』（2018 年 2 月 2 日付）。
73) 同上（2018 年 3 月 6 日付）。
74) ANA HD『Press Release』（2018 年 3 月 22
　　日）。
75) 『日本経済新聞』（2018 年 3 月 23 日付）。
76) 同上。
77) ANA HD『Press Release』（2018 年 3 月 22
　　日）。
78) Peach Aviation『Press Release』（2018 年
　　10 月 23 日）。
79) 『日本経済新聞』（2018 年 12 月 21 日付）。
80) ANA HD『Press Release』（2018 年 3 月 22
　　日）。
81) 『日本経済新聞』（2019 年 12 月 29 日付）。
82) 榊原・大滝・沼上（1989）p.10。

参考文献

国土交通省航空局（2011）『航空関係の現状』国
　　土交通省
国土交通省国土交通政策研究所（2014）「LCC の
　　参入効果分析に関する調査研究」『国土交通政
　　策研究』118
国土交通省国土交通政策研究所（2015）「LCC 参
　　入による地域への経済波及効果に関する調査研
　　究」『国土交通政策研究』122
国土交通省（2017）『LCC の事業展開の促進』国
　　土交通省平成 28 年度 政策レビュー結果（評
　　価書）
和田雅子・新藤晴臣（2017）「Peach Aviation —
　　コーポレートベンチャリングによる日本版
　　LCC の創出」『一橋ビジネスレビュー』64 (4):
　　pp.158-174

第5章

バイエル薬品
——ベンチャーとの協同によるイノベーション創出

I．概要

【社名】バイエル薬品株式会社[1]

【設立】1973 年 4 月 5 日

【代表】ハイケ・プリンツ

【資本】22 億 7342 万円

【売上】3153 億円

【事業】医薬品・医療機器の開発・輸入・製造・販売

【社員】2520 名

【沿革】

1911 年	フリードリヒ・バイエル合名会社創業
1927 年	バイエル・マイステル・ルチウス薬品合名会社設立
1973 年	バイエル薬品株式会社創立（バイエル・武田・吉富の 3 社による日独合弁）
1979 年	滋賀工場操業開始
1988 年	カッター・ジャパン株式会社と合併
1989 年	自販体制スタート
1995 年	京都府に中央研究所開設
2001 年	バイエル株式会社による完全子会社化（合弁を解消し独立）
2004 年	中央研究所閉鎖
2007 年	日本シェーリングと経営統合
	神戸リサーチセンター研究所閉鎖

2013 年　カーステン・ブルン社長就任

2014 年　オープンイノベーションセンター発足

2016 年　ハイケ・プリンツ社長就任

2018 年　CoLaborator Kobe 開設

　本章では、ドイツ・レバークーゼンに本社を置く医薬品および農業関連製品を取扱う世界的な化学会社 Bayer AG の日本法人であるバイエル薬品株式会社（以下、バイエル社）の事例について検討する[2]。

　以降で詳しく説明するように、医薬品産業では、研究開発生産性が世界的に年々低下しており、各社とも研究開発費の高騰に頭を悩ませている。米国の主要な製薬会社を対象とした調査では、調査対象企業の年間の研究開発費の合計が 2000 年から 2017 年にかけて 3 倍近くに膨れ上がっている[3]。

　一方、バイエルグループの調査によれば、全世界の研究開発生産性は[4]、業界中央値の約 3 倍を誇っている。バイエルグループでは、高い研究開発生産性を実現可能にしている要因が、提携相手である社外のパートナーとの協同にあると認識している。事実、バイエルグループのグローバル開発パイプライン[5]の約 60％が 2017 年時点で、社外のパートナーとの共同開発となっている[6]。

　バイエル社は、2014 年にオープンイノベーションセンターという組織を発足させ、同社の日本国内におけるオープンイノベーションの司令塔の役割を担わせてきた。また、2018 年には CoLaborator Kobe というインキュベーション施設を開設し、神戸地区のバイオベンチャーへの手厚い支援を行いながらパートナーとの協同によるイノベーション創出を図っている。

　現在でこそ、日本の製薬会社にもオープンイノベーションを志向する企業が増加しているが、わずか 10 〜 15 年ほど前までは、多くの製薬会社は極度の自前主義といっても過言ではなかった。そうした時代背景にあって、外資系企業であるにもかかわらず、積極的に国内のベンチャーの支援を行う同社の姿勢には、創薬研究者でありながらも起業マインド

を持った人物の存在が深く関わっている。

　以降では、まず近年の医薬品産業を取り巻く環境変化について言及した後、バイエル社がオープンイノベーションセンターを設立するに至った背景と同センターの取り組みについて説明する。次に、同社が2018年に開設したインキュベーション施設であるCoLaborator KOBEについて触れる。最後に、これらの取り組みを協同型コーポレート・ベンチャリング（以下、協同型CV）の文脈で読み解いた時にどのようなインプリケーションをもたらすのかについてディスカッションした上、全体のまとめを行う。

II．医薬品産業における外部環境の変化

1．医薬品研究開発の基本プロセス

　バイエル社が所属する、医薬品産業のバリューチェーンは、以下の通りとなる。医薬品産業のバリューチェーンは、図5-1の通り、①創薬研究（物質の創製）、②製剤化研究、③非臨床試験（動物を対象とした試験）、④臨床試験（ヒトを対象とした試験）、⑤製造、⑥販売に分類される。

　創薬研究とは、医薬品の候補となる新規化合物を探し出し、スクリーニングを行いながら目的物を決定していく工程である。医薬品の創出は、「あるタンパク質（生体内の受容体や酵素）の機能を調整する化合物を創れば、この疾患の治療薬になりうる」という仮説を立てることが第一歩となる[7]。例えば、ある疾患を発症させる原因となる酵素が発見されたとする。その場合、この酵素の作用を強く阻害する物質を、製薬会社各社が自社で合成、社外から購入、自然界から抽出するなどして収集・構築した数百万もの化合物群のライブラリーの中から1つひとつ探し出す。ターゲットとなる酵素に結びつきそうな化合物（シード化合物）が見つかると、今度はシード化合物の構造を少しずつ変え、シード化合物よりも強い効果を示したり、毒性を下げたりするなどして扱いやすい化合物（リード化合物）に変えていく。

図5-1　医薬品産業のバリューチェーン
（出所）永井ほか（2003）p.2 をもとに筆者作成

　次の製剤化研究と非臨床試験はある程度並行して行われる。非臨床試験にて、動物に投与した薬物の薬効・薬理作用、吸収・分布・代謝・排泄や毒性を評価し、物質の特性を理解しながらそれらのデータに基づき望ましい製剤を設計していく。ここまでが通常「研究工程」と呼ばれる段階である。そして、ヒトへの投与の見通しが立った時点で臨床試験が行われる。臨床試験は、少数の健常人を対象として安全性や薬物動態を評価するフェーズ１試験、少数の患者を対象に安全性・有効性を評価するフェーズ２試験、多数の患者を対象に安全性・有効性を評価するフェーズ３試験に分類される。また、フェーズ３試験と並行して大量生産スケールでの製造工程のテストも行わなければならない。ここまでが通常「開発工程」と呼ばれる段階である。これらの工程を経て、医薬品としての申請が行われる。審査期間は２年から３年にも及ぶ。そして、各国の規制当局からの認可が下りると医薬品としての販売が可能になる。

２．有望な新薬候補の枯渇

　かつての大手製薬会社（メガファーマ）は、多数の患者が見込まれる疾患領域に対して、莫大な研究開発費を投入し、画期的な新薬であるブロックバスター[8]を生み出すという戦略、いわゆるブロックバスターモデルを得意としてきた[9]。これらのモデルが得意とする疾患領域は、高脂血症、潰瘍、糖尿病などの生活習慣に由来しており、患者数が多いだけでなく、治療薬を服用し続けなければならない領域であるため、ビジネス的には大変わかりやすく大きいマーケットであった。

　しかし、わかりやすく大きいマーケットに各社の優れた医薬品が供給

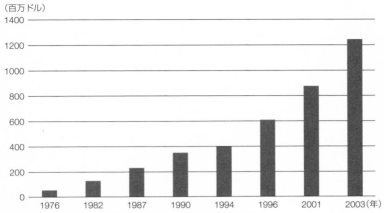

（百万ドル）

図5-2　上市1品目当たりの研究開発費推移
（出所）経済産業省製造産業局（2010）p.7

　された結果、それよりも優れた新薬を生み出すことが難しくなってい
た。こうしたこともあり、製薬会社が1つの医薬品を上市するために必
要な研究開発費は、図5-2の通り、1990年代以降急激な上昇を続けて
きた。製薬会社は高騰する研究開発費を捻出するために企業規模の拡大
を追求せざるを得なくなり、その結果2000年代前半に世界的なメガフ
ァーマ同士の大型合併が繰り返されたのである。

　こうした大型合併により、当然のことながら売上高は上昇するが、研
究開発費は売上高をさらに上回るペースで増加しており、大手製薬会社
の売上高に占める研究開発費の割合は、2000年の時点では16.2％であ
ったのに対して、2017年には21.4％にまで上昇してしまっている[10]。

　画期的な新薬が自社の研究所から生み出されにくくなって以降、大手
製薬会社が次に活路を見出したのが、大学などのアカデミアやバイオベ
ンチャーとの提携による医薬品の研究開発である。世界中で大ヒットを
生むようなバイオ医薬品の原材料となる物質が大学の研究によって発見
されるケースは珍しくない。

　例えば、中外製薬株式会社が販売する関節リウマチ治療薬「アクテム
ラ（一般名：トシリズマブ）」は、大阪大学の岸本忠三教授を中心とした

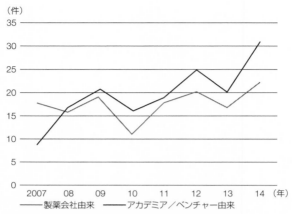

（件）

図5-3　FDA に承認された医薬品数の起源別推移
（出所）木川（2021）p.57

研究グループによって発見され、大阪大学と中外製薬株式会社の共同開発によって世に送り出された。また、小野薬品工業株式会社が国内販売を担当する「オプジーボ（一般名：ニボルマブ）」は[11]、ノーベル賞を受賞した京都大学の本庶佑教授の研究チームが発見した遺伝子をきっかけに、米国のバイオベンチャーであったメダレックス社[12]と小野薬品工業株式会社の共同開発によって世に送り出された。

　こうした典型的なケース以外にも、大学などのアカデミアやバイオベンチャーが物質を発見し、それを製薬会社が医薬品に仕立て上げるケースは年々増加している。事実、2008 年に FDA（米国食品医薬局）に承認された新薬のうち、アカデミアやベンチャー由来のものの数が製薬会社由来のものの数を上回って以降、その傾向は顕著になっている（図5-3）。このように、世界的なメガファーマにとって、少なくとも規模の上では取るに足らない存在のアカデミア（＝大学研究者個人）やバイオベンチャーとの協同が、いつのまにか自社の将来を決定づける重要な活動に変化してきたのが 2000 年代中盤から後半にかけてのことである。

Ⅲ. オープンイノベーションセンター

1. オープンイノベーションセンター設立の立役者

　バイエル社のオープンイノベーションセンター（Open Innovation Center Japan：以下、ICJ）は、現センター長の高橋俊一が中心となって2014年に設立された組織である。高橋がICJ構想に至るまでには、高橋が歩んできた異色ともいえるキャリアが深く関係している。

　高橋は、大学院博士課程を修了後、1993年に三井製薬工業株式会社（以下、三井製薬）に入社し、創薬研究室に研究者として配属された。高橋が研究者としてのキャリアを順調に歩んでいた2001年、三井製薬はドイツ・シェーリング社に買収されることになる。高橋は、シェーリングの米国子会社バーレックス・バイオサイエンス社の循環器研究部に出向し、米国西海岸の研究所で循環器や免疫系の研究を続けた。その後2006年、今度はシェーリング社とバイエル本社が本国ドイツで経営統合したことに伴い、2007年にシェーリング社の米国研究所が閉鎖になることが決定された。高橋は日本に帰国し、バイエル社日本法人（以下、バイエル社）神戸リサーチセンターの再生医療研究本部にて、幹細胞創薬の研究を行うことになった。

　しかし、その矢先、今度は神戸リサーチセンターの閉鎖が決定されてしまう。この出来事について高橋は、「研究者を2度クビになった」と述懐している。もっとも、その原因が高橋の能力や仕事ぶりに問題があったわけでないことは明白である。事実、高橋は神戸リサーチセンター閉鎖直後の2008年から、開発本部で循環器領域プロジェクトのプロジェクトマネジメントを担うことになる。循環器領域と言えば、バイエル社の花形中の花形領域である。そして、2012年には同本部でマネージャーに昇進し、続く2013年にはメディカルアフェアーズ・プライマリーケア部長に昇進するなど順調にステップアップを続けてきた。

　このように、高橋は、新卒で三井製薬に入社以来、一度も転職したことがないにもかかわらず、実質的に2度も会社が変わるという経験を持つ。しかも、「研究者を2度クビになる（高橋）」という苦い経験を持ち

ながらも、研究、開発、メディカルアフェアーズ[13]と、徐々に幅広い視点が求められるポジションに役割を変えながら、バイエル社の中で順調にステップアップを続けてきた。以降では、高橋が ICJ を立ち上げる提案を行った経緯とその背景について説明を行う。

2．オープンイノベーションセンター発足の背景

　ICJ 発足の経緯を遡ると、転機になったのは、2013 年の日本法人社長交代にたどり着く。2013 年 3 月に、バイエル社の社長にカーステン・ブルンが就任し、日本法人単独での中期経営計画を作成するプロジェクトが立ち上がったのである。中期の戦略、長期の戦略をそれぞれ策定するために、各部門からエース級人材が集められた。当時経営企画部に所属していた栗原哲也は、中期経営計画の取りまとめ役としてプロジェクトに参画し、そこでメディカルアフェアーズ・プライマリーケア部の代表として参画した高橋と出会った。

　そして、長期の戦略を検討する中で、高橋の発案によりオープンイノベーションセンターの構想が浮上したのである。バイエル社はかつて、本国ドイツだけでなく、日本国内にも研究所を有していたが、当時のメガファーマによく見られた研究拠点のグローバル集約化という波によって、2004 年に国内の中央研究所、2007 年に神戸リサーチセンターをそれぞれ閉鎖してしまった。一般的に、多くの製薬会社は研究段階と開発段階で社外のパートナーとのリエゾン[14]担当者を分けており、前者は研究所、後者は事業開発部などに所属していることが多い。そのため、バイエル社の研究所の閉鎖は、国内の大学などのアカデミアや、ベンチャーの研究者とのネットワークを失うという結果を招くこととなった。

　しかし、わが国の科学技術力は、アメリカに大きく水を開けられているとはいえ、世界的に見れば依然として高い。例えば、2000 年以降のノーベル医学生理学賞受賞者の輩出国は、アメリカ、イギリスに次いで日本が 3 位となる。また、画期的な新薬であるブロックバスター創出数は、アメリカに次いで、日本が 2 位となる。加えて昨今では、日本の大学からもベンチャー企業が輩出されるようになってきている。こうした

状況を考慮に入れると、日本という土壌から生出される知を、自社のイノベーションに取入れない方針は、研究開発の戦略として合理的とは言い難い。

　こうした事実は、データによって裏づけられており、客観的に見ても論理的と言えるだろう。加えて、高橋個人の経験の観点で言えば、自らが勤務する研究所が2回も閉鎖するという苦い経験をしている。だからこそ、日本の科学研究力を自社のパイプライン（開発医薬品候補群）に繋げたいという思いを持っていた。

　このような問題意識に基づき、高橋と栗原を中心に中期経営計画の長期戦略の目玉としてオープンイノベーションセンター構想を、ドイツのバイエル本社（以下、バイエルHQ）へ稟議書として提出した。

　一方、本国ドイツ側でも別の観点からオープンイノベーションの必要性について問題意識を持っていた。以降で述べたように、生活習慣由来の画期的な新薬の開発が困難になっており、バイエル社の主力領域である循環器領域は、開発に多くの症例が必要なため、お金と時間がかかるのであった。自社の研究所で開発されたシーズだけに依存していたのでは早晩立ち行かなくなるため、オープンイノベーションが必要だというのがグローバルな観点からの問題意識であった。このように日本側と本国ドイツの問題意識は図らずとも一致した結果、数カ月の準備期間を経て、2014年6月にICJが正式に発足する。このICJのセンター長には高橋が就任し、同じくICJの立ち上げに尽力した栗原も主幹研究員として参画した。なお、ICJの概要は表5-1の通りとなる。

3．発足初期の活動

　ICJの発足当初は、国内のバイエル社の研究所閉鎖以来失われていた日本の研究者とのネットワークを構築するために、地道に大学の研究者を回ることや、セミナーを開催し自社のプレゼンスを高めるなどの活動が、ICJの活動の中心であった。ICJでは、「まずは良い研究テーマを持っている研究者を探し出し、ドイツ本国との共同研究につなげる」ことを主眼に置き、パートナーの探索が行われた。

表5-1　オープンイノベーションセンター（ICJ）の概要

設立	2014年
センター長	高橋俊一
ミッション	社外からのイノベーションとの融合を図り、日本における研究開発活動、並びに、デジタルソリューションを活用した取り組みを通じて、長期的に日本人の健康と健やかな生活に貢献する。
活動内容	●日本のヘルスケアの優先事項である、現時点では治療困難な病気の病態・病因に関する理解促進、および革新的な治療標的の特定。 ●大学などの研究機関、ベンチャー企業とのネットワーク強化と連携機会の開拓。 ●研究助成プログラムの紹介。 ●バイエルの製品ポートフォリオに結びつく革新的な開発候補物質や開発資産の探索。 ●デジタルソリューションを活用した、患者さん・医療従事者が抱える課題に対する問題解決の推進。

（出所）ICJ ホームページ（https://openinnovation.bayer.co.jp/ja）

　しかし ICJ の活動開始後、大学と製薬会社による共同研究という、この産業における「昔ながら」のスキームだけでは上手くいかないケースが生じることが、痛感されるようになる。その主な理由は、知的財産の権利に関する主張の乖離である。昨今、多くの大学で技術移転機関（Technology Licensing Organization：TLO）が設置され、知的財産戦略を持つようになってきた。しかし残念なことに、製薬会社から見ると受け入れがたい契約条件を TLO が提示するケースも少なくない。例えば、どのような共同研究の内容でも、大学側に権利が帰属し製薬会社がそれを買取る条項が含まれる場合もある。一方で、化合物ライブラリーの提供や化合物のオプティマイゼーション[15]など、製薬会社から少なからぬ貢献にもかかわらず、成果物の権利が大学側に完全に移るような契約は、製薬会社の立場から、受け入れがたいものであった。また栗原によれば、バイエル社の例に限って言えば、「外資系製薬会社ということで大学やベンチャー企業から警戒心を持たれる傾向にあり、その点も契約交渉面で不利に働いているであろう」という実感もあった。
　権利の問題に加えて、リソースの制約もあった。発足当初の ICJ は、4 人のメンバーしかおらず、日本全国の研究を探索し、コンタクトを取る作業を全てカバーすることは、4 人だけでは困難であった。一方で、

大学などのアカデミアには、研究費の調達を必要とするが、製薬会社とのコネクションがなく、コンタクトのきっかけを作れない研究者もいる。こうしたギャップに対して、クラウドソーシングのように、インターネットを使って共同研究を募集しようという発想が生まれたのであった。

　このように、昔ながらの共同研究のみではよい提携の機会を逃してしまう恐れもある一方で、新しい提携スキームを生み出すことで、提携の間口が広がるかもしれないという想いがICJ内で共有されていった。こうした考えに基づき、いくつかのユニークなアカデミアやベンチャーとの提携スキームが考案された。

　上記の具体例としては、「Grants4Targets」と呼ばれるバイエル社独自の研究助成プログラムが挙げられる。「Grants4Targets」では、大学などのアカデミアやベンチャーの研究者から、循環器、婦人科、腎臓、腫瘍、呼吸器、急性期疾患、血友病などの、バイエル社の重点探索領域の創薬につながるアイデアを募集する。それに対して、5000〜12万5000ユーロの研究費に加え、バイエル社の設備や技術、ノウハウを提供されるプログラムである。

　本プログラムの特徴としては、成果物の知的財産権は応募者に帰属する点である。医薬品産業にて、こうした契約形態は非常にリスクが高く、極めて稀といえる。バイエル社がこのような契約形態をなぜ採用したのか、そして以降、それがどのように機能したかについては、以降で詳細に説明を行う。

4．コーポレート・ベンチャーキャピタル投資の断念

　ICJのもう1つのユニークな提携スキームとしては、インカインド（現物支給）によるパートナーシップが挙げられる。ICJの発足後、大学などのアカデミアや設立間もないベンチャーの研究者とのコンタクトを重ねるにつれ、彼らの最も大きなニーズが資金と設備にあることが判明した。当時、バイエルHQは、コーポレート・ベンチャーキャピタル投資（以下、CVC投資）を行っていたことから、高橋を含むICJ側はバイ

エル HQ に、日本のベンチャーへの CVC 投資を提案した。しかし、バイエル HQ 側の発想は、「イノベーションは米国から生まれる」という考え方であり、ICJ が推薦しても日本のバイオベンチャーへの投資が行われることはなかった。

　一方で、バイエル HQ 側の判断も無理はない。確かに日本は、これまでのところ世界第 2 位のブロックバスター創出国ではあものの、日米の上場バイオベンチャーの時価総額の合計を比較すると、日本 = 1.8 兆円に対して、米国 = 79 兆円と、栗原によれば、圧倒的な差がある状況であった。加えて当時は、日本のバイオベンチャーからブロックバスターが創出された実績も皆無であった。そのためバイエル HQ は、日本でバイオベンチャーによるエコシステムが形成されつつあることは認めつつ、「(CVC 投資の時期は) 今ではない」という判断を変える気配はなかった。

　こうしたバイエル HQ の判断に対し、ICJ 側が次に提案したのが、インカインド（現物支給）パートナーシップによって日本のバイオベンチャーへ貢献する、という内容であった。ICJ には当然、日本のバイエル社、あるいはバイエルグループ全体のために、自らの得意な領域とシナジーが生み出されるようなシーズを探索するというミッションがある。しかし、それと同時に、ICJ メンバーの間に、「日本という市場において、バイオベンチャーのエコシステムが発展することにも貢献したい」という使命感が芽生えており、「たとえ CVC 投資は無理であっても、インカインドで貢献していこう」という考えがチーム全体に浸透しつつあった。

Ⅳ. CoLaborator Kobe

　このような背景の下で、立ち上がったのが、インキュベーション施設構想である。前述の通り、バイエル HQ は米国以外でベンチャー投資を行う方針を持っていなかったものの、インキュベーション施設の提供はベルリンやモスクワなど、米国以外でも前例があった。栗原らは、日本

国内でもインキュベーション施設を立ち上げようとバイエル HQ に働きかけた。

　バイオテクノロジー分野の研究には、高額な研究設備が必要であるが、設立間もないバイオベンチャーは、そうした機器をたやすく購入することはできない。バイエル社がインキュベーション施設として場所と研究設備を貸し出すことで、設立から間もないベンチャーを集めることができるだけでなく、周辺のアカデミアとの交流が活発になり、さまざまな知恵がそこに集まるようになる。CVC 投資が不可能であっても、インキュベーション施設を提供することにより、エコシステムの形成や発展にも寄与することができるかもしれないというのが、ICJ メンバーのロジックであった。

　インキュベーション施設の候補地として、神戸市が挙げられたが、それには 2 つの理由がある。第 1 に、バイオベンチャーが集積している点が挙げられる。例えば、東京の場合、恐らくバイオベンチャーの数自体は最も多いものの、東京大学周辺、日本橋周辺など、複数の地域に分散してしまっている。第 2 に、既存施設の不在が挙げられる。例えば、ICJ がアライアンスを組んでいた京都大学には、京都大学主導のインキュベーションラボが既に存在し、周辺に京都リサーチパークもあるため、バイエル社が主導して支援する必然性は低い。

　以上 2 点の理由から判断した場合、神戸市は魅力的な立地であった。神戸市は当時、ベンチャーに対する税制優遇措置があることや、民間の居住区域から離れておりラボ建設の許認可が下りやすいという地理的条件により、ポートアイランドには、300 〜 400 社のバイオベンチャーが集積していた。

　またポートアイランドには、理化学研究所や神戸大学など国立の研究機関に加え、ライフサイエンス系学部を持つ私立大学が複数存在する。さらに高度医療を目指す先端の病院が集積し、医薬品開発に必須の臨床試験を実施しやすい利点もあった。さらに知的財産関連の特許事務所や分析を請負うサプライヤーといった周辺企業、上場を経験したメンター企業など、エコシステムの形成・維持に必要となる、バイオベンチャー

表5-2　CoLaborator Kobe 入居企業一覧（2021 年 5 月時点）

企業名	概要
株式会社Epigeneron	株式会社Epigeneronは藤井穂高研究室の研究成果を社会に還元すべく設立した大学発バイオベンチャー企業です。 難治疾患の治療法の開発を目指して、新規エピジェネティック創薬及びその受託サービス等の提供等を行っています。癌や中枢神経系疾患などの難治疾患に苦しむ患者さんに、当社独自の創薬標的同定系を用いて開発した治療薬をお届けし、健康で充実した生活を送っていただけることを目指すことを企業理念といたします。
provitro AG	生体試料は医薬品や診断薬の開発に不可欠なツールです。provitroは生体試料の重要性に着目し、製薬およびバイオテクノロジー業界の研究科学者のみなさまに、高品質かつ十分に特徴付けられたヒト組織サンプルをお届けする世界的プロバイダーです。独自のバイオバンクを基盤に、provitroは高品質の組織マイクロアレイ、CEマーク取得済みの対照体外診断薬ならびに最先端技術を駆使した研究支援科学サービス、さらにはターゲットバリデーションに関する具体的なご要望にお応えする個別のソリューションをご提供します。
株式会社ハカルス	株式会社ハカルスは2014年1月に設立された京都のAIベンチャーです。現在主流のAI技術であるディープラーニングが抱える、大量の学習データが必要、AIの意思決定の過程がブラックボックス、学習フェーズでクラウドへの接続が必要といった課題に対して、独自のスパースモデリング技術を応用したAIで解決を試みています。これにより、医療機関向けに少量データで、かつ解釈性の高い診断・治療支援AIを実現し、提供しています。また再生医療を含むライフサイエンス分野での幅広いAI開発を手掛けています。

（出所）CoLaborator Kobe ホームページ（https://www.colaborator.jp/）

に限定されない補完的プレイヤーが揃っていた。

　バイエル HQ および神戸市から許可が下りてから工事完了までの約 1 年間、ICJ のメンバーが中心となり、さまざまなベンチャー、大学、自治体などに案内を出し、興味を示したところには積極的にコンタクトを図っていった。

　こうして 2018 年 6 月、神戸市のポートアイランドに「CoLaborator Kobe」が誕生する。CoLaborator Kobe には、2021 年 5 月時点で、表 5-2 の通り[16)]、3 社の大学発ベンチャーが入居する。本施設には、実験ベンチ、細胞培養室、フリーザー室、薬品庫、ディスカッションスペースなどの部屋が用意されている。利用可能な機器としては、セルインキ

ュベーター、蛍光顕微鏡、RT-PCR、超微量分光光度計、ゲル・ウェスタンブロット撮影装置、ドラフトチャンバーといった主要な機器が一通り揃えられている。これらの機器のすべてを自前で揃えようとすると5000万円は下らない設備投資が必要となるが、CoLaborator Kobe の入居企業は毎月の賃料のみでこれら設備を使用することができるほか、バイエルグループの技術的な支援を受けることもできる。ICJ は、CoLaborator Kobe の賃料で利益を得るどころか、赤字の状態で貸しており、さらに入居企業の研究成果に対する知的財産権も一切主張していない。この点については、「Grants4Targets」も同様のスタンスとなっている。

CoLaborator Kobe に入居したバイオベンチャーにとっては、上記の設備面でのメリットに加え、いくつかの副次的効果がもたらされている。

1つ目は、バイオベンチャーに対する社会的な信用の付与である。ベンチャーに対する CVC 投資はバイエル HQ から許可されなかったものの、「CoLaborator Kobe に入居している」という事実は、「バイエル社に認められた」という社会的な信用、とりわけ金融機関や投資家に対する信用をもたらすこととなる。すなわち、CVC 投資に代わる手段でベンチャーへの信用を付与することにより、金融機関や投資家からの資金調達を間接的にアシストする結果となったのである。

2つ目は、交流の場あるいは他者（他社）との交流機会の提供である。バイオベンチャーは時に孤独な存在でもあるが、栗原によれば入居するバイオベンチャー同士が助け合い、時にはコラボレーションすることも CoLaborator Kobe の目的となるとされる。また入居したバイオベンチャーに対し、バイエル社員がメンターとなり、製薬会社の観点からアドバイスを提供することも入居のメリットとされている。

今後、これらの入居企業から創出されるイノベーションが医薬品として世に送り出されることは、まだ先のことと想定される。しかし、同社の取り組みはモデルケースとなり、他の製薬会社へも広がりを見せている。ICJ の当初の精神である「国内のアカデミアとのネットワークを構

築しながら、エコシステムの発展にも貢献する」という役割は着実に形
となりつつある。

V．ディスカッション

1．意図した戦略としての「ノーガード戦法」

　ICJ は、発足以来、「Grants4Targets」や「CoLaborator Kobe」とい
った、提携スキームを考案し、パートナーを探索してきた。彼らのスタ
ンスの特徴としては、研究助成金、インキュベーション施設に加え、技
術やノウハウを提供するにもかかわらず、知的財産権の共同保有や使用
許諾を、支援の必須条件には一切していないという点である。

　自社の技術やノウハウの一部を提供するという点については、他の産
業でもしばしば観察される現象である。こうした企業行動は「知の選択
的開示（Selective Revealing of Knowledge）」と呼ばれる[17]。この企業行
動では、自社の知識や技術を秘匿することによって競争優位性を保つの
ではなく、自社が保有する知識や技術の一部を社外に開示することで、
自社に有益な技術の普及や発展を促すという効果が期待される。一方
で、知的財産権の共同保有や使用許諾を支援の必須条件にしないスタン
スは非常に珍しいといえる。前述の通り、医薬品は特許による知的財産
保護が強力で、イノベーションによる専有可能性が高い。それゆえ、こ
うしたスタンスをとる製薬会社は多くなく、少なくとも一般的とはいえ
ない。

　もっとも、こうした ICJ のスタンスには、ある程度やむを得ない事情
が含まれると推測される。前述の通り、バイエル社が外資系企業である
ため、国立大学からは好意的に見られないケースや、それ以外にも特許
の権利交渉で契約締結が長引くケースがあったという。栗原によれば
「契約交渉時において、研究開発のフェーズが早期であるほど、可能性
を幅広く残しておきたいという意図が研究者側に根強く残っている」と
されている。そこで ICJ は、Grants4Targets プログラムを立上げる際、
「バイエル社は知的財産権の共同保有や使用許諾を支援の必須条件とし

ない」と宣言することで、先方の警戒心を解くという立場をとったのだという。CoLaborator Kobe のスタンスも全く同じであり、彼らはみずからのスタンスを「ノーガード戦法」と呼称している。

　他方で、こうしたスタンスは、当然ながら提携相手の機会主義的行動のリスクを高めてしまう。ここでの機会主義的行動とは、ある程度研究が進んだ段階で、他の製薬会社とより良い条件の契約で提携を結ぶなどといった行動である。彼らの「ノーガード戦法」は、こうした機会主義的行動に対する抑止力は働かない。それに対して栗原は次のように述べている。

　「仮に競合に横取りされたらそれはそれで仕方ないと考えていました。しかし、一定確率で競合に研究成果を横取りされるケースが発生したとしても、ノーガード戦法を取らなかった場合よりもバイエル社とアカデミアやバイオベンチャーとのパートナリングの成立件数が増えればそれで良いと考えていました。

　あるいは、競合に横取りされたとしても、我々のサポートから新しい技術が生まれて、それがバイオベンチャーのエコシステムに貢献したという評判が広まれば、そういった成功事例がさらに良いベンチャーを呼込むくさびとなるかもしれません。事実、バイエル ICJ では入居テナントや地域のための交流イベント、新たなベンチャーを呼び込むためのピッチイベントなどに他の製薬会社を積極的に招待しています。

　それにもかかわらず、このスタンスを貫いた結果、結果的にではありますが、日本国内でも本国ドイツでも幸いにして他社にライセンスを導出されるというケースは発生していません。」

　以上の栗原のコメントを踏まえると、ICJ が「ノーガード戦法」を採用した背景としては、単一の提携における契約条件に対する要求を厳しくすることで、当該の提携から得られる専有可能性を高めるという短期的視点よりも、契約交渉段階におけるパートナー候補の警戒を解き、提

携の総数を増やすという長期的視点での意図があると想定される。そして本事例では、このスタンスは、意図した通りの結果をもたらしたものと考える。

　他方で、こうしたスタンスをとったことによるパートナーの機会主義的行動に対しては、ある程度許容せざるを得ないことも想定していた。それにもかかわらず、こうしたスタンスがパートナーの機会主義的行動を抑制するという、意図せざる結果をももたらせたことが示唆されている。もっとも、これまで日本国内でも本国ドイツでも、パートナーの機会主義的行動が発生していないという事実から、機会主義的行動が今後も発生しないということが保証されるものではないと考える。

　そこで、こうした結果は偶然にもたらされたものなのか、あるいはある程度の必然性に基づいてもたらされたものなのか、以降で検討を試みる。

２．意図せざる結果とそれを生んだメカニズム

　既に述べたように、ICJ は「Grants4Targets」や「CoLaborator Kobe」において、パートナーであるバイオベンチャーに対して多大な支援を行いながらも知的財産権の共同保有や使用許諾を支援の必須条件にしないと宣言している。それに対して、これまでのところ、日本国内でも本国ドイツでもパートナーの機会主義的行動や、競合の製薬会社から横槍が入ったというケースは生じていないという。その理由に対して栗原は次のように分析している。

　「やはり共同研究や共同開発は、人と人のやり取りでありますし、バイエル社は、我々を選んでくれた（社外の研究者の）先生方に対して密なサポートをしますし、ディスカッションもするので、結果的に信頼を得られ、権利関係が生じる契約に移行する段階に入ってもバイエル社とやりたいと言ってくれるのだと思います。

　それだけでなく、テクニカルな観点から言っても、（パートナーである）バイエル社が、研究内容を一番把握しているので他社は横槍を入

れにくいという事情も考えられます。」

　こうした栗原の分析は、経営学の諸理論とも符合する。ここで、密な
サポートやディスカッションによって形成された信頼関係とは、まさし
く強い紐帯に他ならない。すなわち、長期にわたって緊密に接触が保た
れている状態の下では、パートナー同士がお互いの過去の行動を相互評
価し、お互いについて学び合い、さらにはお互いのアイデンティティや
文化に関する理解を深めることも可能となり、結果として相手の機会主
義的な行動を抑制する働きを持つ[18]。

　また、第2章で説明したように、バイエルグループの研究者とバイオ
ベンチャーの研究者がディスカッションを繰り返すことにより、両者の
間に共有された知識ベースが形成されるため、バイエル社（あるいはバ
イエルグループ全体）は他の製薬会社よりも当該知識に対する理解が進
んでいる状態となる[19]。多くの場合、バイオベンチャーが持つ知識は最
先端であるため、情報量の格差と組織上の障壁に阻まれてしまい、部外
者の企業が大学発のテクノロジーを取得する（＝横槍を入れる）のは著
しく困難である[20]。それゆえ、バイエル社が最先端の知識を持つバイオ
ベンチャーと協同するという行為は、当該バイオベンチャーの持つ知識
を評価、あるいは取得する機会という点において、競合である他の製薬
会社に対して、圧倒的に有利な立場に立っているといえるだろう。

　第2章で説明した先行研究に基づけば、ICJがバイオベンチャーの機
会主義的行動を抑制したガバナンスは、「特許の権利を主張しない」と
いうスタンスからというよりもむしろ、自社の資源（CoLaborator Kobe
の設備、バイエル社の化合物ライブラリー、バイエル社研究員）をオープン
にし、バイオベンチャーに対する密なサポートやディスカッションを行
なったことによって得られた信頼がもたらせたものであるということが
示唆される。また、先行研究においても、信頼によって提携パートナー
の機会主義的行動を抑制することで、パートナーシップから得られるレ
ントが増大するという指摘が行われている[21]。なぜならば、法的契約に
代表されるような第三者によるセーフガードを用いて抑制するよりも、

信頼といった非公式の自己拘束的セーフガードを用いるほうが、トランザクションコスト[22]が低下したり、模倣困難性が高まったりするからである。

　バイオベンチャーにとって、製薬会社とのわずか1件の提携が自社の存続を左右する結果になりえるケースは珍しくない[23]。それゆえ、製薬会社とバイオベンチャーの提携は、表向きは対等であったとしても、力関係の観点においてはバイオベンチャーの方が圧倒的に不利なケースも多い。

　しかし、本ケースから示唆されるのは、提携から得られる成果（＝知的財産）の権利を主張しすぎないことや、自社の技術やノウハウを提供することが、ニッチプレイヤーであるバイオベンチャーの警戒心を解くとともに、契約交渉時のトランザクションコストを低下させる働きを持つということである。それゆえ、製薬会社にとっても、ライセンシングなどによりバイオベンチャーの持つ知識を一方的に導入するのではなく、バイオベンチャーと協同することが、自社の競争優位性を高める結果につながることが示唆されたと考える。

　CoLaborator Kobe を通じたバイエル社とバイオベンチャーとの協同は、予期せぬ副次的効果をもたらした。それは、CoLaborator Kobe の入居企業の企業価値向上という副次的効果であり、具体的には、ICJ（バイエル社）が入居企業に対して、間接的に正統性を付与している点である。実際に、バイオベンチャーの企業価値に影響を与える正統性の源泉の1つに製薬会社との提携が含まれることは、先行研究で統計的に実証されている[24]。CoLaborator Kobe の入居企業は表 5-2 の通り、ICJ のホームページに公開されており、「バイエル薬品という世界的な製薬会社の日本法人のお眼鏡に適った」といえる。この実績は、入居企業に正統性を与え、結果として企業価値向上を高める役割を果たしていることが、本事例から示唆されると考える。

3．バイエル社 ICJ の今後の課題

　最後にバイエル社 ICJ の今後の課題についても議論を行う。バイエル

社 ICJ は、日本国内研究所の閉鎖により断絶してしまったアカデミアとのネットワークを再構築するために立ち上げられた組織である。彼らは、ゼロから構築し直さなければならない国内アカデミアとの関係性という課題に対して、4 人という限られた人員数と外資系企業というハンディを背負っていた。そのため、ある種やむを得ない策として、プログラムの成果による特許の権利をバイエル社が得ることを、契約の必須条件としないというスタンスを採用せざるを得なかった。しかしそのことが結果的には、提携に伴うトランザクションコストを低下させ、提携の実現性を高めるだけでなく、バイオベンチャーとの協同による信頼性を向上させ、機会主義的行動を抑制するというパートナーのガバナンスをも実現させたといえる。

　バイエル社 ICJ の取り組みは、これまでのところ一定の成果を収めているものと想定される。しかし、他の製薬会社が（あるいは他の産業で）、バイエル社のようにオープンイノベーションを推進する組織を設置すれば、バイエル社 ICJ と同様の成果が期待できるかといえば、必ずしもそうはならないかもしれない。なぜなら、バイエル社 ICJ の取組みが一定の成果を収めた要因と、起業マインドを備えた特定の研究者（高橋）の存在とは、表裏一体の関係にあると想定されるためである。

　また、バイエル社の事例からは、その利点だけでなく、いくつかの課題も示唆される。例えば、前述の強い紐帯は、それがもたらす強みとは裏腹に、新規性の高い情報をもたらさないという強い紐帯の弱みも想定される[25]。また ICJ の想定通り、CoLaborator Kobe を介したバイオベンチャー同士にコラボレーションが生まれ、結びつきが強まることは、相互の信頼性を高め、機密性の高い情報のやりとりを可能にする一方で[26]、その凝集性が高まりすぎると、新規性の高い情報がもたらされなくなる、という懸念も想定される[27]。

　このように、本章で分析対象とした事例は、その利点だけなく、理論上考えうる問題点も抱えていることは否定できない。こうした、いわば"たすき掛け"ともいえる利点・欠点のバランスをどのように取っていくのかは、それぞれのコンテキストに応じた実践上の課題となる。

注

1) バイエル薬品株式会社の概要は、2019年3月期の数値となる。また、同社の本社はドイツのBayer AGとなり、グループ全体では、売上高＝435億4500万ユーロ、社員数＝10万6092人となる。
2) インタビューについては、バイエル社オープンイノベーションセンター立ち上げメンバーである主幹研究員（当時）の栗原哲也氏に対して、計6回（2018年4月20日、2018年8月30日、2018年10月5日、2019年10月11日、2020年1月23日、2020年5月26日）行い、ケース作成後に追加のインタビュー（2021年3月7日）を行った。不足している情報は二次資料等により補完したが、注記のない限りケース中のデータはすべて栗原氏へのインタビューに基づくものである。
3) PhRMA（2018）。
4) 2004年から2015年の研究開発費に基づく売上高により算出される。
5) 「開発医薬品候補群」を意味する。
6) バイエル薬品オープンイノベーションセンター講演「バイエルのベンチャー支援策」2018年1月30日日本橋。なお、同講演資料における「パートナー」には、バイオベンチャーだけでなく、アカデミアや他の製薬会社も含まれている。
7) 佐藤（2010）。
8) ブロックバスターとは、全世界で1年間の売上高が1000億円もしくは10億ドルを超えるような大型新薬のことを意味する（日本薬学会ホームページ）。
9) 大原（2010）。
10) PhRMA（2018）。
11) 「オブジーボ」の海外販売は、ブリストル・マイヤーズスクイブ社が担当している。
12) メダレックス社は2009年にブリストル・マイヤーズスクイブ社に買収された。
13) メディカルアフェアーズとは、製薬会社の中で開発段階から上市後の販売戦略までという幅広い視点でトータルコーディネートする組織のことである。
14) 組織間連携の窓口の役割を果たす組織または個人のこと。
15) ターゲットとなる酵素に結びつきそうな化合物の構造を少しずつ変え、よりも強い効果を示したり、毒性を下げたりするなどして扱いやすい化合物に変えていく工程を指す（木川（2021）p.58）。
16) CoLaborator Kobeホームページ（https://www.colaborator.jp/tenant/）。
17) Alexy, George, and Salter（2013）。
18) 近能（2002）。
19) Lane and Lubatkin（1998）。
20) Pisano（2006）。
21) Dyer and Singh（1998）。
22) ここでは、契約締結に至るまでのコストや、契約内容が正しく履行されているかどうかのモニタリングコストを意味する。
23) 高橋・木川（2017）。
24) Rao, Chandy, and Prabhu（2008）。
25) Granovetter（1973）。
26) Dyer and Nobeoka（2000）など。
27) Burt（1992）など。

参考文献

PhRMA.（2018）. 2018 PhRMA Annual Membership Survey

佐藤健太郎（2010）『医薬品クライシス─78兆円市場の激震』新潮新書

第6章

ソフトバンクグループ
──投資を通じた企業ドメインの再定義と成長

I．概要

【社名】ソフトバンクグループ株式会社[1]

【設立】1981 年 9 月 3 日

【代表】孫正義

【資本】2387 億円

【売上】6 兆 1850 億円

【事業】（売上構成比率）

ソフトバンク・ビジョン・ファンド等 SBIA の運営するファンド＝0 ％、ソフトバンク＝78 ％、アーム＝3 ％、ブライトスター＝15 ％、その他＝3 ％

【社員】8 万 909 名

【沿革】

1981 年 9 月	日本ソフトバンク株式会社設立（パソコン用パッケージソフト流通事業開始）
1982 年 5 月	出版事業参入（『Oh! PC』『Oh! MZ』創刊）
1990 年 7 月	ソフトバンク株式会社に商号変更
1994 年 7 月	日本証券業協会に株式登録
1996 年 1 月	ヤフー株式会社設立
1998 年 1 月	東京証券取引所市場第 1 部に上場
2001 年 9 月	『Yahoo! BB』サービス開始（ビー・ビー・テクノロジー株式会社）

2004 年 7 月　日本テレコム株式会社子会社化

2005 年 1 月　株式会社福岡ダイエーホークス子会社化

2006 年 4 月　ボーダフォン株式会社子会社化

2013 年 7 月　米国スプリント社子会社化

2014 年 1 月　米国ブライトスター社子会社化

2016 年 9 月　英国アーム社子会社化

2017 年 5 月　ソフトバンク・ビジョン・ファンド活動開始

　ソフトバンクグループ株式会社（以下、ソフトバンク[2)]）は、創業者であり、現在、代表取締役会長兼社長執行役員である孫正義（以下、孫正義）により 1981 年、日本ソフトバンク株式会社として設立される[3)]。パソコン用パッケージソフト流通事業からスタートしたソフトバンクは、その後、事業内容を変化させながら成長を重ね、通信・インターネットを中心とするソフトバンク事業、ソフトバンク・ビジョン・ファンド等 SBIA の運営するファンド事業（以下、ビジョン・ファンド事業）をはじめ、売上 6 兆円を超える巨大企業へと成長している。一方でソフトバンクは、創業者である孫正義の発言や、独特な経営スタイルと共に、企業買収を通じた本業の目まぐるしい変化と、それに伴う危機と再生により注目を集めている。

　本章では、こうしたソフトバンクの成長について、コーポレート・アントレプレナーシップ、中でも企業ドメインの再定義をはじめとする戦略的アントレプレナーシップの概念を念頭に置きつつ、30 年間の軌跡について記載を行う。

　上場直後の 1994 〜 2019 年度にかけての、ソフトバンクの事業セグメントの推移をまとめると、図 6-1 の通りとなる[4)]。図 6-1 では、1994 〜 2019 年度に存在した事業セグメントの存続期間を、横棒で示している[5)]。

　ソフトバンクの事業セグメントは、①ソフト・ネットワーク事業〜⑱その他事業まで、過去 25 年間に 18 種類の事業セグメントが存在する。これらのうち、事業内容が明確に規定されていない⑱その他事業を除いて概観すると、いくつかの特徴がみられる。

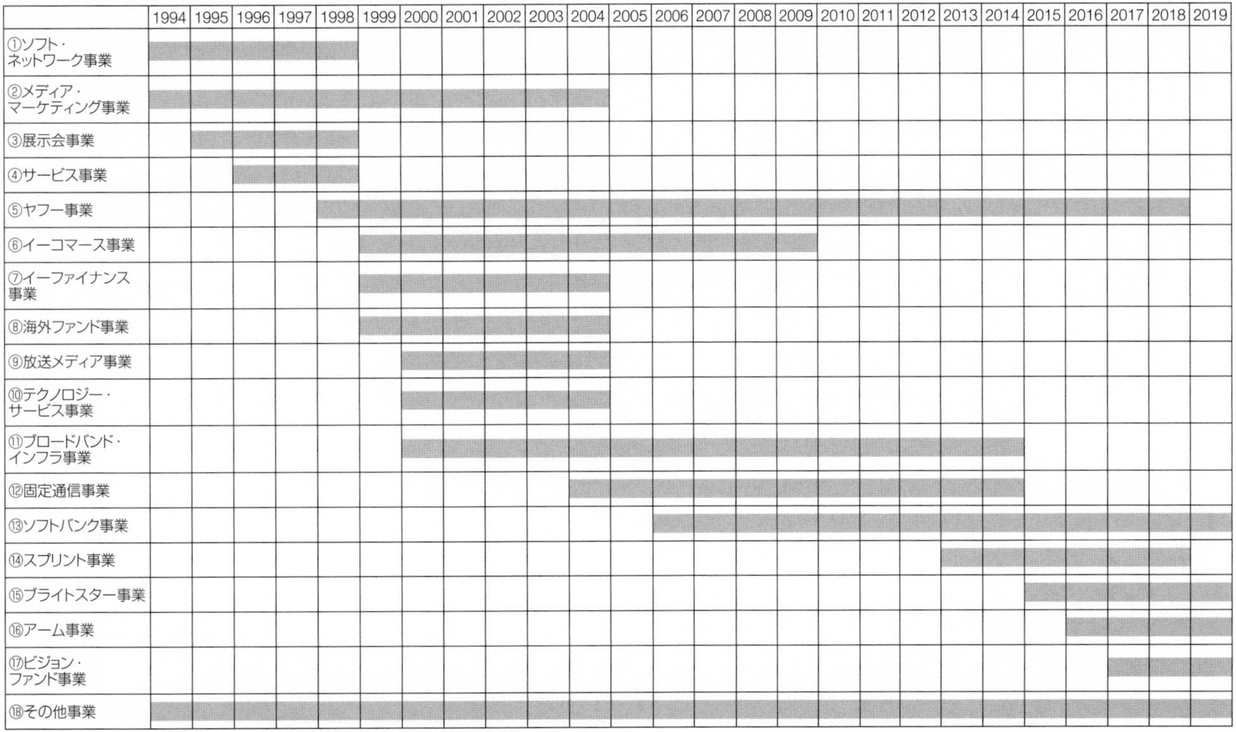

図6-1　事業セグメントの推移

年（1994〜2019）×事業セグメント

事業セグメント：
- ①ソフトネットワーク事業
- ②メディア・マーケティング事業
- ③展示会事業
- ④サービス事業
- ⑤ヤフー事業
- ⑥イーコマース事業
- ⑦イーファイナンス事業
- ⑧海外ファンド事業
- ⑨放送メディア事業
- ⑩テクノロジー・サービス事業
- ⑪ブロードバンド・インフラ事業
- ⑫固定通信事業
- ⑬ソフトバンク事業
- ⑭スプリント事業
- ⑮ブライトスター事業
- ⑯ゲーム事業
- ⑰ビジョン・ファンド事業
- ⑱その他事業

年：1994 1995 1996 1997 1998 1999 2000 2001 2002 2003 2004 2005 2006 2007 2008 2009 2010 2011 2012 2013 2014 2015 2016 2017 2018 2019

（出所）ソフトバンク『有価証券報告書』（第15期〜第40期）をもとに筆者作成

第1に、1994年度以降、セグメントの形態を変えずに存続している事業セグメントが、1つも存在しない点が挙げられる。⑱その他事業を除き、上記期間の事業セグメントの平均存続期間は8年であり、ソフトバンクの場合、「創業以来の本業」と呼ぶべき事業セグメントは、特に存在しないことがわかる。

　第2に、ソフトバンクの場合、事業展開のコアとなる事業セグメントが存在する。例えば、⑤ヤフー事業（インターネット：21年）、⑪ブロードバンド・インフラ事業（ブロードバンド：15年）、⑬ソフトバンク事業（携帯電話：14年）など、10年以上にわたり長期的に中核を担う事業が同時に存在している。

　第3に、ソフトバンクの場合、事業セグメントが大幅に入れかわる「成長の節目」が存在する。具体的には、1998〜1999年度、2004〜2005年度、2014〜2015年度の時期に、事業セグメントが大幅に入れかわっている。

　こうした変遷については、事業セグメント別売上高の推移をみると、より立体的に捉えることができる。図6-2は、ソフトバンクの事業セグメント別売上高の推移を表しているが、近年になるほど売上が急激に拡大し、なおかつ事業セグメントの構成もダイナミックに変化していることがわかる。具体的には、1998年度までは、創業時からの本業でありパソコン用パッケージソフトやネットワーク機器の販売を中心とする、①ソフト・ネットワーク事業が売上の中心となる。2000年代からは、⑤ヤフー事業、⑥イーコマース事業といったインターネット関連事業や『Yahoo! BB』サービスを提供する⑪ブロードバンド・インフラ事業が売上の柱となる。さらに、2005年度以降には、企業買収を通じて、⑬ソフトバンク事業、⑭スプリント事業、⑮ブライトスター事業が加わり、ソフトバンクの売上高を大幅に増加させている。

　ここまで、ソフトバンクの事業セグメントの推移について俯瞰してきたが、これらはあくまでデータに基づく全体像にすぎず、成長の軌跡を理解するには限界がある。よって以降では、ソフトバンクの発展の歴史について、時系列での記載を行う[6]。

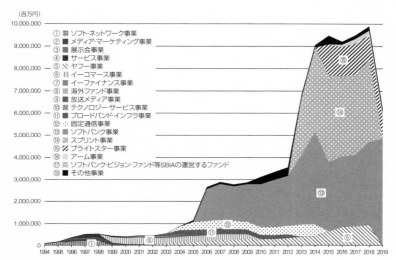

（百万円）

| ① ⊞ ソフト・ネットワーク事業 |
| ② ■ メディア・マーケティング事業 |
| ③ ■ 展示会事業 |
| ④ ■ サービス事業 |
| ⑤ ＼ ヤフー事業 |
| ⑥ ⫴ イーコマース事業 |
| ⑦ ■ イーファイナンス事業 |
| ⑧ ■ 海外ファンド事業 |
| ⑨ ■ 放送メディア事業 |
| ⑩ ▨ テクノロジー・サービス事業 |
| ⑪ ∴ ブロードバンド・インフラ事業 |
| ⑫ ∴ 固定通信事業 |
| ⑬ ■ ソフトバンク事業 |
| ⑭ ▨ スプリント事業 |
| ⑮ ⫽ ブライトスター事業 |
| ⑯ ■ アーム事業 |
| ⑰ ▨ ソフトバンク・ビジョン・ファンド等SBIAの運営するファンド |
| ⑱ ■ その他事業 |

図6-2　事業セグメント別売上高の推移
（出所）ソフトバンク『有価証券報告書』（第15期～第40期）をもとに筆者作成

Ⅱ．発展の歴史

１．創業までの道のり

　ソフトバンクの創業者である孫正義は、1957年8月、佐賀県鳥栖市の養豚業と養鶏業とを営む家庭に生まれる。孫正義が13歳になると、よりよい学校に入学させたいという父親の希望により、一家は九州最大の町である博多に移住する[7]。

　その後、16歳になった孫正義は、家族の反対を押しきり、米国へと留学する。9月に、オークランドのサラモンテ高校に入学した孫正義は、飛び級制度の活用により、2週間で米国の高校を卒業する。サラモンテ高校卒業後は、外国人学生が英語を学べる特別プログラムがあるホーリーネームズ大学に入学する。ホーリーネームズ大学で1～2年生を過ごした孫正義は、カリフォルニア大学バークレー校（以下、UCバークレー）経済学部に編入する[8]。UCバークレーにおいて孫正義は、最初のビジネスを始めるが、そのことについて以下のように語っている[9]。

「UC バークレーの学生だった頃、私にとって最初のビジネスを始めました。…（中略）…UC バークレーにいた時、250 件もの発明をして、自分の"発明考案ノート"に書いておいたのです。その中から1つを選んで試作品をつくり、特許の申請を出しました。その特許をシャープ株式会社（以下、シャープ）に売り込んで、100 万ドル近く稼ぎました。」

「そのアイデアを思いついたのは、1977 年か 1978 年でした。19 歳の時で、何学期か学校を休んで発明に打ち込みました。大学教授名簿を調べて、ずいぶん大勢の教授に電話をかけました。…（中略）…。その教授たちのところに赴いては、自分にはこれこれのアイデアがあって、これが発明のアウトラインです、どうかお力を貸してくださいと頼みました。」

「最初はみんな断られましたが、最後にようやく、私のアイデアに興味を示してくれた教授を数人見つけることができました。…（中略）…私にはお金がなかったので、すぐには払えませんが、後で必ずお支払しますから、プロジェクトに割いた時間をメモしておいてくださいとお願いしました。シャープから特許料が入ってから、チームに加わって頂いた教授には報酬を全部お支払しました。」

孫正義がシャープに売却した特許は、「シャープ・ウィザード（Sharp Wizard）」の原型となるアイデアであった。「シャープ・ウィザード」は電子手帳であり、電卓のように見えるが、実際には小型のコンピューターであった。「シャープ・ウィザード」は 8 カ国語の翻訳ができるほか、電話番号登録や科学的なプログラム計算も可能になるという製品であった[10]。

UC バークレーに在籍中、孫正義は日本から買ってきたゲーム機のソフトを組み立てなおし、レストラン、カクテルラウンジ、寮、カフェテリアなどに据えつけることで、さらに 100 万ドルほど稼ぐことになる。また UC バークレー時代、孫正義はゲームソフトを開発するユニソンワールドという会社を経営していたが、日本に帰国する際、共同出資者に

約200万ドルで権利を売却している[11]。こうして得た資金と経験をもとに孫正義はソフトバンクを日本で設立する。

経営者としての孫正義については、「20代で名乗りを上げ、30代で軍資金を最低でも1000億円貯め、40代でひと勝負し、50代で事業を完成させ、60代で事業を後継者に引き継ぐ」「ソフトバンクは1兆、2兆と数えてビジネスをやる会社になる。豆腐屋の心意気だ」といったさまざまな名言でも知られている[12]。なお以降ではソフトバンクの創業から現在までの発展の歴史について、ファクトを基にたどっていくこととする。

2．パソコン用パッケージソフト流通による創業

ソフトバンクの前身となる株式会社日本ソフトバンクは前述の通り1981年9月、パソコン用パッケージソフト流通事業を行う会社として、代表取締役会長兼社長執行役員である孫正義により設立される。ソフトバンクという社名は、「ソフトウェアの銀行」という意味になるが、社名の由来について孫正義は次のように語っている[13]。

　「実を言えば、ソフトバンクの社名にもちゃんと理由があるんです。なぜ『ハード』ではなくて『ソフト』なのか。僕の大きな言葉の定義で言えば、ソフトというのは人々の知恵と知識を指しています。なおかつ、その知恵を分かち合えるという意味で、まさに情報のインフラ、情報のバンク（銀行）を目指したんですね。」

カリフォルニア大学バークレー校を卒業し、日本に帰国した孫正義は、自分で会社を始めたいと考える。ソフトウェアの開発から病院チェーンまで、約40種類の新たなビジネスアイデアを考えた孫正義は、独自に開発した25種類の成功尺度に当てはめ、最終的にパソコン用パッケージソフト流通事業（①ソフト・ネットワーク事業）を選択する[14]。そこに至る経緯について孫正義は、次のように語っている[15]。

　「（創業当時）日本でも（パソコンの）ハードウェアはいくらか作ら

れていましたが、ソフトウェアはほとんどゼロという状態でした。日本中でどんなソフトが手に入るのか、まったく見当もつきませんでした。私自身は、10年か20年でパソコンが社会全体にとって重要な商品になると見ていました。」

「私は自分でソフトウェアをつくって、バークレー在学中にしていたように、ソフトウェア事業を始めようと思いました。しかし、私がソフトウェアをつくるとしたら、誰がそれを売るのかと考えました。パソコンソフトをつくることと、それを販売することはまったく別のビジネスです。」

「周囲を見回して、ソフトの販売をやってくれそうな相手を探しましたが、誰もいません。そこで、私は考えました。誰も売ってくれないのなら、自分が売ろうと。」

こうしてパソコン用パッケージソフト流通事業をスタートしたソフトバンクだったが、その創業は必ずしも順調なものではなかった。設立から2〜3カ月後に、東京で、コンシューマーエレクトロニクスショーが開かれ、ソフトバンクは一番広い展示ブースを確保する。「PCソフト販売の一大革命！」と書いた大きな看板を立てた結果、ソニーのブースよりも大勢の人が来たが、注文はほとんどゼロという結果であった[16]。
それから数週間後、日本で3番目に大きい家電量販店の上新電機株式会社（以下、上新電機）から、パソコンの大型店の開店に向けて、ソフトウェアが必要という連絡が入る。交渉の結果、上新電機へのパソコン用パッケージソフトの独占的販売権を獲得したソフトバンクは、飛躍の契機をつかんだが、それについて孫正義は次のように語っている[17]。

「上新電機と契約するまで、私の売上はほとんどゼロでした。しかし上新電機と契約してすぐ、15万ドルの取引を済ませました。翌月には他のいろいろな店と契約して、取引高は2倍に増え、次の月は50％アップ、そして次の月もアップ。そうこうして一年経つ間に、私の月収は1万ドルから230万ドルに増えました。」

これらの活動から約10年後、ソフトバンクは日本国内で販売される
パソコン用パッケージソフトの50％を供給している。ディーラー数は
1万5000店に達し、複雑で高価なネットワークソフトからゲームに至
るまで、4万種類の製品を卸している[18]。

　創業から約半年後の1982年5月、ソフトバンクは出版事業（②メデ
ィア・マーケティング事業）に参入し、パソコン専門誌『Oh! PC』『Oh!
MZ』の2誌を同時発刊する。しかしながら創刊号の結果は両方とも、
惨憺たるものであった。5万部を刷ったうち85％は返品になり、また広
告もほとんど掲載していないことから、毎月赤字を出す状況となり、パ
ソコン用パッケージソフト流通事業で稼いだ販売利益を、すべて食いつ
ぶす結果となった[19]。

　『Oh! PC』を売るためにあらゆる手を尽くし、それでだめなら出版事
業から手を引こうと思った孫正義は、資金をすべて投下して、全国向け
テレビコマーシャルを打つとともに、価格を据置いたまま、雑誌を大型化
し、厚さを2倍にした上で、通常の2倍の10万部を刷るという賭けに
出る。その結果、10万部の『Oh! PC』は、わずか3日間で完売し、出
版事業の基盤が構築される[20]。

　出版事業ではそれから約10年後、パソコン関係の11種類の雑誌を出
版し、毎月の発行部数は150万部に達している。この数字は約300万人
の日本全国のパソコンユーザーの50％に、ソフトバンクの雑誌が届い
ている計算となる[21]。

　こうして急成長したソフトバンクは1990年7月に、「株式会社日本ソ
フトバンク」から「ソフトバンク株式会社」へと商号変更する。さら
に、米国の最新インターネットビジネスを日本で展開する「タイムマシ
ン経営」を本格化させていく。

　「タイムマシン経営」を実現するため、米国のインターネット企業の
情報収集や戦略的投資などを担う関係会社として、ソフトバンクは
1994年3月、SoftBank Holdings Inc.（以下、SBH）を米国に設立す
る[22]。

　ソフトバンクはSBHを通じ、1994年12月、Ziff Communication

Company（米国）の展示会部門を買収する。さらに、翌年の 1995 年 4 月に、世界最大のコンピューター見本市「コムデックス」を運営する The Interface Group（米国）の展示会部門へ資本参加することで、③展示会事業を本格化していく。

　この SBH の設立とコムデックス買収は、ソフトバンクに大きなチャンスをもたらす。1995 年末、設立から間もない米国 Yahoo! Inc. の創業者に出会った孫正義は、一目でその夢と可能性を理解し、資本参加を決めるが、この決定は後に、日本でのヤフー株式会社の設立へとつながっていく[23]。

　一連の買収や資本参加を実現する手段として、ソフトバンクは 1994 年 7 月、日本証券業協会に店頭登録を行い、株式公開を果たす。さらに 1998 年 1 月、東京証券取引所第 1 部へ上場し、直接市場からの資金調達を可能としている。こうした資金調達を背景に、1995 年 2 月に株式会社パソナと共同で、株式会社パソナソフトバンクを設立し、④サービス事業にも参入を行っていく。

　一方で 1990 年代中盤以降、パソコン用パッケージソフト流通事業の収益に、陰りが見え始める[24]。株式会社ジャストシステムの大ヒット・ワープロソフト「一太郎」などのビジネスソフトへ事業を拡げた過程で、「原則、卸の製品買い取り」「返品の場合も送料は卸側の負担」といった、不利な取引条件が慣行となっていく。また競争激化により、パソコン用パッケージソフトの末端価格が下がった結果、流通業者の粗利益率は 1 ～ 8 ％にまで低下する。

　こうしてソフトバンクは 1999 年 10 月、創業時からの事業である、①ソフト・ネットワーク事業を分社化する。

3．インターネットによる展開

　1990 年代後半以降も、ソフトバンクは図 6-1 の通り、事業セグメントを拡張し、⑤ヤフー事業、⑦イーファイナンス事業、⑨放送メディア事業が新設される。

　⑤ヤフー事業の開始は、ヤフー株式会社[25]の設立に遡る[26]。ソフトバ

ンクと Ziff-Davis Publishing Corporation は、1995 年 11 月、インターネットの情報検索サービスを提供していた米国 Yahoo! Inc.（以下、米国ヤフー社）に、200 万ドルを出資し、株式の約 5％を取得する。米国ヤフー社が提供する情報検索サービスは当時、1 日 1000 万件以上のアクセスを持つ、世界最大のウェブサイトの 1 つであった。その後、インターネット事業への本格的な展開を図るため、ソフトバンクは米国ヤフー社との合弁により、日本法人「ヤフー株式会社（以下、ヤフー社）」を設立することを合意する[27]。

こうして 1996 年 1 月、日本橋浜町のソフトバンク本社内に、ヤフー社が設立される。資本金＝ 2 億円のうち、出資比率はソフトバンク＝ 60％、米国ヤフー社＝ 40％とし、当初の代表取締役には孫正義が就任する。また事業内容としては、米国ヤフー社のノウハウを活用し、日本独自の情報提供型コンテンツを付加し、日本語の情報検索サービスの提供やミラー・サイトの運営を行うとされた[28]。

1996 年 3 月、ヤフー社は日本初の商用検索サイト「Yahoo! JAPAN」を開始する。「Yahoo! JAPAN」は、ツリー構造のカテゴリから探す「ディレクトリ検索」と、フリーワードから探す「キーワード検索」を提供するものであり、その制作過程は、スタッフがウェブサイトを 1 件 1 件データベースに分類・登録するものであった[29]。

1996 年 7 月に入ると、ロイター・ジャパン株式会社と共同で「Yahoo! ニュース」を提供するほか、株式会社ウェザーニューズと共同で「Yahoo! 天気情報」を提供している。その後、ユーザーが選択した項目をカスタマイズページとして表示可能な「My Yahoo!」、500 を超える掲示板カテゴリから興味のあるトピックを選び投稿・閲覧できる「Yahoo! 掲示板」、ウェブで楽しむ対戦型ゲームの「Yahoo! ゲーム」、ウェブによるフリーメールサービスの「Yahoo! メール」を提供するなど、ヤフー社は今日の「Yahoo! JAPAN」のサービスの原型を構築する[30]。

さらに、「Yahoo! JAPAN」はサービスを拡充し、1997 年に株価情報・企業情報、スポーツ速報、海外旅行情報、子ども専用検索サイトを追加し、1998 年には、地図情報、就職・転職情報、自動車情報、路線

情報を追加する[31]。また1999年9月には、オンライン・ショッピングの「Yahoo! ショッピング」と、オンライン・オークションサイトである「Yahoo! オークション（現：ヤフオク）」に参入する[32]。

　これらの取組により2000年7月6日、「Yahoo! JAPAN」のページビューは、1日1億PVを初めて突破する[33]。またヤフー社は、1997年11月、日本証券業協会に店頭登録を行った後、2003年10月、東京証券取引所市場第1部に上場する。こうしたヤフー社の発展は、ソフトバンクによる関係会社創出の1つのモデルになるとともに、同社を柱とする⑤ヤフー事業は、図6-1の通り、目まぐるしく変化するソフトバンクの事業セグメントの中で、21年と最も長く存続することとなる。

　⑦イーファイナンス事業の開始は、ソフトバンク・インベストメント株式会社（以下、SBI社）の設立に遡る[34]。SBI社は、ベンチャーキャピタル事業を行うため、1999年7月、ソフトバンク・ファイナンス株式会社の子会社として設立され、ソフトバンクの常務取締役であった北尾義孝が代表取締役に就任する。1999年11月には、ベンチャーキャピタルを行う関係会社である、ソフトバンクベンチャーズ株式会社、ソフトトレンドキャピタル株式会社ほか2社を、株式交換により完全子会社化したほか、1999年12月には、SOFTBANK Investment（International）Holdings、SOFTBANK China Venture Investment No.6 Limitedを含む4社の海外投資会社を設立する。さらに投資ファンドとしては、2000年3月に、投資事業組合「ソフトバンク・インターネットテクノロジー・ファンド1号」を、出資金688億円で組成し、同年4月、「ソフトバンク・インターネットテクノロジー・ファンド2号」を、出資金1152億円[35]で組成している。

　SBI社はその後、2000年12月に大阪証券取引所ナスダック・ジャパン市場に株式上場している。上場直後の2001年9月末現在、国内外に10件の投資事業組合を保有し、投資先は561社、投資残高は1283億円へと達している。その後、2002年2月にSBI社は、東京証券取引所第1部市場に上場する。

　⑦イーファイナンス事業の源流としては、SBI社のほか、インターネ

ット証券会社のイー・トレード株式会社（以下、イー・トレード社）が挙げられる。1998年7月、SOFTBANK Holdings Inc.が米国のインターネット証券会社であるE*Trade Group, Inc.の株式を取得し、10月に大澤証券株式会社の全発行済株式を取得することで、イー・トレード社は日本の証券会社としてスタートする。その後、2000年9月にイー・トレード社は、大阪証券取引所ナスダック・ジャパン市場に株式上場する。さらに2003年6月に、イー・トレード社はSBI社と合併する[36]。

　SBI社は2005年3月、公募及び第三者割当増資の実施により、ソフトバンクの連結範囲から除かれ、同年7月には、「ソフトバンク・インベストメント株式会社」から「SBIホールディングス株式会社」へと商号変更を行う。さらに2006年8月には資本提携を解消し、ソフトバンクから完全に独立した会社となる[37]。

　⑨放送メディア事業は、ソフトバンクのデジタル衛星放送事業参入とともに開始される。1996年12月、海外でデジタル衛星放送の実績を持つ、オーストラリア・The News Corporation Limited（以下、ニューズ社）とソフトバンクは、日本でのデジタル衛星放送を展開する企業として、ジェイ・スカイ・ビー株式会社（以下、JSkyB社）を設立する[38]。JSkyB社は資本金200億円で設立され、出資比率は、ソフトバンク＝50%、ニューズ社＝50%となった。またJSkyB社のサービスは、JCSAT-4号衛星を使用し150チャンネルを提供する形で、1998年4月に開始予定とされた[39]。JSkyB社はその後、ソニー株式会社、株式会社フジ・メディア・ホールディングスが出資・運営に加わり、日本デジタル放送サービス株式会社（PerfecTV!）と合併することで[40]、現在ではスカパーJSAT株式会社となっている。

　⑨放送メディア事業の中核になったのが、JSkyB社のプラットフォームで放送事業者としてチャンネル提供する「スカイエンターテイメント株式会社」と、「スカイインターナショナル企画株式会社（以下、スカイインターナショナル社）」である。②メディア・マーケティング事業（1996～1998年度）に所属していた両社はその後、⑱その他事業（1999年度）を経て、2000年度以降、⑨放送メディア事業として独立してい

る。またスカイインターナショナル社はその後、衛星放送会員サービス
を柱とし、2002年3月には大阪証券取引所ナスダック・ジャパン市場
に上場する。同社はその後、⑨放送メディア事業から、⑱その他事業
（2005～2010年度）へと所属セグメントを移管し、その間、株式会社釣
りビジョンなど放送メディアの関係会社を子会社化していく。同社は
2007年10月、「ブロードメディア株式会社」に社名変更し、2011年度
以降は、ソフトバンクの関係会社から外れることとなる[41]。

　その他に、既存事業の一部については、⑥イーコマース事業、⑧海外
ファンド事業、⑩テクノロジー・サービス事業へと再編されている。

4．通信事業への参入

　2000年代に入るとソフトバンクは、⑪ブロードバンド・インフラ事
業、⑫固定通信事業、⑬ソフトバンク事業を新設し、通信事業へと本格
参入する。事業セグメント単位での通信事業への参入は2000年度の、
⑪ブロードバンド・インフラ事業（旧：インターネット・インフラ事業）
の設立からとなるが、企業単位の参入は、1999年9月のスピードネッ
ト株式会社（以下、スピードネット社）の設立が原点となる。

　スピードネット社は、1999年9月、米国Microsoft Corporation、東
京電力株式会社（以下、東京電力）、ソフトバンクの3社の共同出資によ
り設立される。スピードネット社は、IPネットワークをベースに、光
ファイバー、メタル、無線技術を活用し、画期的なブロードバンドサー
ビスを2000年夏から提供するとされ、代表取締役には真藤豊が就任す
る[42]。しかしこのスピードネット社の構想は壮大だったものの、株主3
社の思惑の違いや、技術的問題から事業の進展が滞ることとなる。最終
的に東京電力が株式の大半を引受け、ソフトバンクは経営から手を引く
こととなる[43]。

　⑪ブロードバンド・インフラ事業の始まりは、2000年4月にソフト
バンクが「中間持株会社制」を導入し、ブロードバンドに関連するイン
フラを統括するソフトバンク　ネットワークス株式会社（以下、SBN社）
を設立することに遡る。SBN社の傘下には、スピードネット社のほか、

株式会社アイ・ピー・レボルーション（高速IPアクセス提供）、Asia Global Crossing Ltd.（海底光ファイバーケーブル敷設）、株式会社エックスステージ（DSL技術によるインターネット接続サービス）が入り、SBN社の代表には、前述の真藤豊が就任した[44]。

⑪ブロードバンド・インフラ事業では、2001年9月、ブロードバンドサービス「Yahoo! BB」が開始される。「Yahoo! BB」は、下り最大8Mbpsの速度を持つ、ADSL技術を用いたブロードバンドであり、月額2280円（2001年8月時点）という世界的にも極めて低価格でサービスが提供された[45]。また、2002年4月には、VoIP技術を利用したブロードバンド電話である「BBフォン」の商用サービスがスタートする。「BBフォン」は電話機、電話番号を一切変更することなく、国内および米国への通話は一律3分間7.5円、ユーザー間は無料という低価格な通話サービスとなっていた。さらに同月には、日本マクドナルド株式会社などと共同で、下り最大1Mbpsの無線LAN環境「Yahoo! BBモバイル」の実証実験も開始された[46]。

「Yahoo! BB」をはじめとするブロードバンドサービスは、ビー・ビー・テクノロジー株式会社（以下、BBT社）を中心に展開されている。BBT社は2002年7月、ADSL技術によりブロードバンドサービスを展開している競合企業である、東京めたりっく通信株式会社、名古屋めたりっく通信株式会社、大阪めたりっく通信株式会社の3社の通信サービスを、「Yahoo! BB」に統合している[47]。

こうしてスタートしたブロードバンドサービスは、短期間で大きなシェアを獲得する。2004年5月末現在、「Yahoo! BB」の接続回線数は418万件に、「BBフォン」の利用回線数も395万件に達している[48]。⑪ブロードバンド・インフラ事業は一見、安定的な成功例に見えるが、孫正義は当時の実情を次のように語っている[49]。

「一番苦しい戦いだったのは『Yahoo! BB』でブロードバンド事業を始めた時です。年間1000億円の赤字を4年間出しましたから。ネットバブルがはじけ、ソフトバンクの時価総額は20兆円から2000億円

に下落しました。一番苦しい時に、NTT という当時の日本で一番大きな相手に競争を挑んだわけです。孫子の兵法の『勝ちやすきに勝つ』と、負け戦はしないという鉄則から踏み外していますから。」

⑫固定通信事業については、日本テレコム株式会社（以下、日本テレコム社）をソフトバンクが子会社化する形で2004年7月開始される。日本テレコム社は、1986年12月、日本国有鉄道の民営化により資本金3.2億円で設立される。1987年4月には、日本国有鉄道から基幹通信網を承継し、電話サービス・専用サービスの営業を開始し、1991年7月には、携帯・自動車電話事業への参入を目的として株式会社東京デジタルホンを設立している[50]。

ソフトバンクによる子会社化後の2004年12月、日本テレコム社は直収型固定電話サービス「おとくライン」の商用サービスを開始する。「おとくライン」はNTT通信網に依存しない独自の通信網と通信設備を利用した固定電話サービスであり、NTT地域会社が独占していた約1.8兆円の固定電話基本料金市場に、本格参入するものであった。さらに2005年2月、国際通信第2位のケーブル・アンド・ワイヤレスIDC株式会社を子会社化し、⑫固定通信事業を拡充している。個人顧客中心の「Yahoo! BB」に加え、2社の子会社化により、法人顧客が拡充され、ソフトバンクの顧客・収益基盤の強化が図られることとなる[51]。

⑬ソフトバンク事業は、2006年4月、携帯電話会社のボーダフォン株式会社（以下、ボーダフォン社）を子会社化する形でスタートする。ボーダフォン社の買収に際し、ソフトバンクは金融機関からのLBOブリッジローンを中心に、1兆6935億円の資金調達を行っている。一方でソフトバンクはボーダフォン社の獲得により、人口カバー率99.9％超の携帯電話網と、1520万件の顧客基盤を獲得する[52]。

2006年10月になると、ボーダフォン社はソフトバンクモバイル株式会社（以下、ソフトバンクモバイル社）に社名を変更する。ソフトバンクモバイル社は、3Gネットワークの強化を目指し、2007年4月末には、3G基地局数を約3万1000局へと、約1万局増加している。また2007

年1月には、新しい料金体系である「ホワイトプラン」を導入する。「ホワイトプラン」は、月額基本使用料980円、1～21時までソフトバンク携帯電話同士の通話料は無料、他社への国内通話は30秒21円という、わかりやすく安い携帯電話サービスとなっている[53]。

「ホワイトプラン」にはその後、付加サービスとして「ホワイト家族24」が加えられる。「ホワイト家族24」は、「ホワイトプラン」の基本使用料のみで家族への国内通話が24時間無料になるという、家族向け割引サービスであった。2007年6月には、「ホワイト家族24」の宣伝のため、上戸彩を主演とし"犬のお父さん"で知られる「白戸家」シリーズのテレビCMがスタートする[54]。

ソフトバンクモバイル社は2008年7月、アップル社製「iPhone 3G」を日本で初めて発売し、併せてその専用料金プランを発表したほか[55]、2012年2月には、高速無線データ通信サービス「SoftBank4G」を開始する。さらにソフトバンクは、2013年1月にイー・アクセス株式会社を、2013年7月に株式会社ウィルコムを子会社化し、携帯電話大手の一角を占めるようになる。

図6-2で示した通り、⑪ブロードバンド・インフラ事業、⑫固定通信事業を開始した2005年度にソフトバンクの連結売上高は、初めて1兆円を突破する。さらに、⑬ソフトバンク事業を加えて2006年度の連結売上高は、3兆円近くに飛躍する。

通信事業へ参入したこの時期、ソフトバンクはプロ野球事業にも参入している。2005年1月、株式会社福岡ダイエーホークスを子会社化し、福岡ソフトバンクホークス株式会社と福岡ソフトバンクホークスマーケティング株式会社を⑱その他事業に加えるかたちで、現在ではプロ野球球団「ソフトバンクホークス」を運営している。

5. 海外展開と新たな方向性

2010年代以降もソフトバンクは、新たなセグメントを追加していく。具体的には、⑭スプリント事業、⑮ブライトスター事業、⑯アーム事業といった海外事業のほか、巨大な規模のファンド事業である、⑰ビジョ

ン・ファンド事業を追加している。

　⑭スプリント事業については2013年7月、ソフトバンクが米国の携帯電話会社 Sprint Corporation（以下、スプリント社）を子会社化することでスタートする[56]。米国の携帯電話市場では当時、累計契約数が増加し、スマートフォン化が進む状況にあった[57]。具体的には2010～2013年にかけて、米国携帯電話の累計契約数は年間2億9470万台から3億4810万台へ増加するとともに、そこに占めるスマートフォン比率も33.7％から68.1％に増加していた。

　またスプリント社は当時、Verizon Communications Inc.（以下、ベライゾン社）、AT&T Inc.（以下、AT&T社）、T-Mobile US, Inc.（以下、Tモバイル社）などの競合に対し苦戦しつつあった[58]。2013年末時点で、スプリント社の累計契約数シェアは、ベライゾン社（36.1％）、AT&T社（31.7％）に次いで3位（15.9％）であったが、4位のTモバイル社（13.4％）との差はわずか2.5％にすぎなかった。さらに純増契約数では、ベライゾン社（＋450万件）、AT&T社（＋180万件）、Tモバイル社（＋13.4％）に対し、スプリント社（−240万件）となっており、解約率もベライゾン社（1.04％）、AT&T社（1.04％）、Tモバイル社（1.58％）に対して、スプリント社（2.20％）と高く、1人負けの状況にあった。

　そうした中、ソフトバンクが約216億ドルを投じ、株式の約78％を取得することで、資金不足に陥ったスプリント社は、世界第3位の携帯電話会社へと躍進する[59]。スプリント社の買収は困難ではあるものの、当時、携帯端末・通信機器調達のスケールメリットと、モバイル事業の知見とノウハウ共有により、2014～2017年度に年間20億ドルのコスト削減効果が見込まれるとされていた。

　スプリント社は当時、貧弱なネットワーク、弱いブランド力、低い収益性といった、厳しい状況にあった[60]。ソフトバンクの投資を得たスプリント社は、2013年10月、通信速度50～60Mbpsの高速通信サービス「Sprint Spark」を開始する。またブランド力強化に向け、月額利用料割引と機種変更時の優待オプションの両方または片方を顧客に提供する料金プラン「Sprint Framily」や、割賦販売方式「Sprint Easy

Pay」を導入する[61]。さらに 2014 年 8 月、米国・Brightstar Global Group Inc.（以下、ブライトスター社）の創業者/CEO マルセロ・クラウレ（以下、クラウレ）がスプリントの President/CEO に就任することで、体制が強化される[62]。⑭スプリント事業の 2014 年度と 2017 年度の業績を比較すると、クラウレの CEO 就任前後で、売上高は横ばい（345 億ドル→ 333 億ドル）であるものの、セグメント利益は大幅に上昇（6.4 億ドル→ 17.2 億ドル）している[63]。

　クラウレによる経営努力の一方、スプリント社は 2013 年 7 月の子会社化以降、ソフトバンクの業績の足を引っ張り、財務上の懸念になるとの指摘を受けてきた[64]。そうした流れを受け、⑭スプリント事業は 2019 年度から「非継続事業」扱いとなり、ソフトバンクの事業セグメントから外れていく。さらにスプリント社は、2020 年 4 月に T モバイル社と合併し、統合後の新会社である T モバイル社の株式の約 24％を、ソフトバンクが保有することとなる[65]。その後 6 月にソフトバンクは、保有する T モバイル社の 3 億 460 万株のうち最大 1 億 9831 万株の売却を完了する。この売却によりスプリント社への投資を通じてソフトバンクは、取得原価 0.4 兆円に対し 1.9 兆円のリターンを生出し、株式価値部分の内部収益率は 25％に達するとされる。

　⑮ブライトスター事業は、ソフトバンクが 2014 年 1 月、前述のブライトスター社に 12.6 億ドルの投資を行い、子会社化することでスタートする[66]。ブライトスター社の前身の Brightstar Corp. は 1997 年 9 月、前述のクラウレにより設立される[67]。その後、ブライトスター社は拡大を続け、2014 年時点で、世界 50 カ国に拠点を構え、125 カ国以上でサービスを提供する、携帯電話分野に特化した世界最大の卸売会社となっていた[68]。ソフトバンクはブライトスター社を子会社化することで、携帯電話端末の調達規模を拡大し、日米における携帯電話事業での競争力の向上を狙ったのであった。なおブライトスター社は、2013 〜 2014 年度には、⑬ソフトバンク事業に含まれていたが、2015 年度からは「流通事業」として独立し、2018 年度から現在の、⑮ブライトスター事業へとセグメントの名称を変更している。

⑯アーム事業は、2016年9月、英国Arm Holdings Plc（以下、アーム社）をソフトバンクが子会社化することでスタートする。アーム社は1990年に設立され、低消費電力型マイクロプロセッサーや関連テクノロジーのデザインなど、半導体の知的財産のライセンスを行う会社である[69]。ビジネスモデルとしては、アーム社が半導体メーカーに技術ライセンスを供与し、ライセンスを受けた半導体メーカーはアーム社の技術を自社の半導体チップに搭載する形となる[70]。ライセンス提供を受けた半導体メーカーはアームに対し、初期費用としてライセンス料を支払うほか、技術を使用した半導体チップの販売に応じ、ロイヤルティを支払うこととなる。

2016年度のアーム社の市場シェアは、モバイルコンピューティング＝90％強、ネットワーク・インフラ＝17％、サーバー＝1％弱、組込アプリケーション＝30％、車載機器＝10％となっている[71]。またアーム社の技術を使用した半導体チップの出荷数は、年間約180億個、累計で約1000億個に達している。

IoTの進展に伴いアーム社は、短期間で事業を拡大する[72]。元々の強みであるモバイルコンピューティング市場に加え、2019年度の市場シェアは、ネットワーク・インフラ＝32％、IoTアプリケーションプロセッサー＝90％、車載インフォテインメント・運転支援システム＝75％強と、特化した分野で高い市場シェアを占めており、半導体チップの累計出荷数も1660億個に達している。さらに、2019年12月には、Amazon.com傘下のAmazon Web Services（AWS）がアーム社の技術を利用したサーバー用半導体チップ「Graviton2」を発表したほか、2020年6月には、アーム社の技術を使用したスーパーコンピューター「富岳」が、計算速度の世界ランキング「TOP500」で、世界1位を獲得している。

⑰ビジョン・ファンド事業は、投資ファンドのソフトバンク・ビジョン・ファンド（以下、SVF）が2017年5月、930億ドル超の出資コミットメントを獲得しスタートする[73]。出資額のうち、ソフトバンクが最大280億ドルのコミットメントを行い、残りの金額は、サウジアラビア王

国のPublic Investment Fund、アラブ首長国連邦のMubadala Development Companyといった政府系ファンドのほか、Apple Inc.（米国）、Foxconn Technology Group（台湾）、Qualcomm Incorporated（米国）、シャープ株式会社などが出資者として参画することとなった。2016年に世界中のベンチャーキャピタルが調達した資金総額が640億ドルであることから、企業の持つファンドとしては巨大なファンドであるといえる[74]。SVFの投資期間は最終クロージングから5年間、存続期間は最終クロージングから最低12年間と設定され、長期的な時間軸での投資活動を行うとされている[75]。

　SVFの投資分野は、コンシューマー（消費者向けサービス）、エンタープライズ（法人向けサービス）、フィンテック（金融テクノロジー）、フロンティアテック（最先端テクノロジー）、ヘルステック（医療）、リアルエステート＆コンストラクション（不動産・建設）、トランスポーテーション＆ロジスティックス（交通・物流）、という7つの分野により構成されている[76]。また2020年3月末現在、地域別投資先は、南北アメリカ＝36％、ヨーロッパ・中東・アフリカ＝18％、アジア＝46％となっている[77]。SVFは、設立からわずか3年で、91社に総額810億ドルの投資を行っている。投資の成果としては、Uber Technologies, Inc.（米国：フードデリバリー「Uber」）、Slack Technologies, Inc.（米国：ビジネスプラットフォーム「Slack」）、平安健康医療科技有限公司（中国：医療アプリ「平安好医生」）を含む8社が上場している[78]。

　巨大な投資ファンドであるSVFを持つことは、ソフトバンクの業績に対し巨大な利益をもたらす反面、大きなリスク要因となっている。⑰ビジョン・ファンド事業のセグメント損益は、2018年度に1兆2566億円と巨額の利益を計上したものの、2019年度は1兆9313億円の損失となり、他のセグメントで得られた利益の合計より大きい金額となっている[79]。2019年度のセグメント損失の内訳は、Uber Technologies, Inc.＝51億ドル（株価下落）、コワーキングスペースを手がけるWeWork Companies, Inc.および関係会社3社＝45億ドル（株式上場計画の撤回）、その他＝75億ドルとなっており、特定企業への投資による損失

が、セグメント損益に影響を及ぼしている。

　なおソフトバンクはこの時期、ロボット分野にも進出する。フランスのヒト型ロボットメーカーの Aldebaran Robotics SAS とソフトバンクモバイル社により、世界初の感情認識パーソナルロボット「Pepper」が開発され、2014 年 6 月に発表される[80]。「Pepper」は、身長 121cm、重量 28kg、最大時速 3 km で移動する人型ロボットである。「Pepper」はまた、世界で初めて感情を持つ人型ロボットであり、周囲の状況を把握して自律的に行動するアルゴリズムや、感情・音声認識機能を持つ。2014 年 7 月になるとソフトバンクロボティクス株式会社が設立され、⑱その他事業で「Pepper」を取扱う主体となる[81]。「Pepper」の価格設定は、本体 19 万 8000 円、基本プラン 1 万 4800 円／月、保険パック9800 円／月となり、2015 年 6 月に、一般向けの最初の 1000 台が販売される[82]。

　この時期、通信事業を中心に事業セグメントも集約されている。具体的には、⑪ブロードバンド・インフラ事業と、⑫固定通信事業が、⑬ソフトバンク事業に集約される。それに伴い、通信事業を集約する形で、2015 年 7 月、「ソフトバンク株式会社」が誕生する。同社はその後、2018 年 12 月、東京証券取引所市場第 1 部に上場している。

Ⅲ．関係会社創出を支える仕組み

1．投資と資金調達

　ソフトバンクの経営の特徴の 1 つである、米国のインターネットビジネスを日本で展開する「タイムマシン経営」の始まりは、SoftBank Holdings Inc.（以下、SBH 社）の設立に遡る。SBH 社は前述の通り、米国のインターネット企業の情報収集や戦略的投資を担う関係会社であり、1994 年 3 月、米国に設立される。

　SBH 社による戦略的投資は、米国インターネット業界でソフトバンクの知名度を高め、米国 Yahoo! Inc. との合弁による、ヤフー株式会社（以下、ヤフー社）の設立につながっていく。SBH 社の投資先としては、

Ziff Communication Company の展示会部門（1994年12月）、The Interface Group の展示会部門（1995年4月）のほかに、Ziff-Davis Publishing Company（出版：1996年2月）、米国 Yahoo! Inc.（インターネット：1996年4月）、Kingston Technology Company（半導体メモリー：1996年9月）、Geo Cities（インターネット：1998年1月）、E*Trade Group, Inc.（インターネット証券：1998年7月）など米国企業が挙げられる。これらのうち Ziff-Davis Inc. は1998年4月にニューヨーク証券取引所に、Geo Cities は1998年8月に米国 NASDAQ 市場に上場している。

　1999年度に入ると、SBH 社を中心に、米国やアジアを中心としたインターネット関連会社を対象に投資事業を行うセグメントとして、⑧海外ファンド事業が設立される[83]。2000年8月時点のソフトバンクの代表的ファンドとしては、SOFTBANK Capital Partners、SOFTBANK Technology Ventures V など8本あり、投資地域は米国、欧州、中南米、アジアなど多岐に渡り、ファンド1本あたりの資金規模は、10億〜120億ドルとなっている[84]。ソフトバンクは当時、米国インターネット業界で5年以上の投資経験を持つことから、米国地域を対象とするファンドでは、ゼネラルパートナー[85]の役割を担っている。一方、中国語圏を投資対象とする SOFTBANK China Holdings では、香港に本社を置く通信機器メーカーで、2000年に米国 NASDAQ 市場に上場した UTStarcom, Inc. とのジョイントベンチャーとなっている。また、英国等を投資対象とする eVentures では、⑨放送メディア事業で、JSkyB 社を設立する際にパートナーとなった、ニューズ社とのジョイントベンチャーとなっている。

　2000年度に入ると、中国イーコマース市場のトップ企業となる Alibaba.com Corporation（以下、アリババ社）への投資も行われる[86]。アリババ社は創業者の馬雲（以下、ジャック・マー）によって、1999年3月、中国・杭州で設立される[87]。「アリババ」という社名は、ジャック・マーの外国人の友人の誰もが知る言葉として、『アリババと40人の盗賊』から採用されたものだった。アリババ社設立から半年後の1999

年10月、孫正義は北京の高層ビルの会議室でジャック・マーと会談し、売上もゼロに等しいアリババ社に、2000万ドルの出資を決定する。1999年度にソフトバンクの持分法適用関係会社となったアリババ社は、2000年度に、⑧海外ファンド事業の1社となる。その後、成長を続けたアリババ社は、2014年9月に、ニューヨーク証券取引所に上場する。ソフトバンクがこうして得た海外投資経験は、⑰ビジョン・ファンド事業の開始へとつながっていく。

　一方で、SBH社による戦略的投資をはじめ、企業への投資を行っていく上では、安定した資金調達が必要となる。そのための施策としてソフトバンクは、銀行融資などの間接金融ではなく、株式公開などの直接金融を重視する施策をとっている。

　直接金融について、SBH社の設立から4カ月後の1994年7月、ソフトバンクは日本証券業協会に店頭登録を行い、株式公開を果たす。さらに1998年1月、東京証券取引所第1部へ上場し、株式市場からの資金調達を可能としている。またソフトバンクは、社債発行による資金調達も積極的に行っている。具体的には、株式公開2年前の1995年7月、第1回無担保普通社債を発行し100億円を調達したが、この金額は、連結貸借対照表に記載された1995年3月末の、短期借入金（16億円）と長期借入金（85億円）の合計とほぼ同額であった[88]。

　間接金融については、特定の銀行を借入先とする「メインバンク制」ではなく、複数の銀行と取引条件に応じてつきあう「コアバンク制」を採用し[89]、その傾向は株式公開後にさらに強めている。具体的には、1996年3月末の短期借入金の上位3行は、第一勧業銀行（20億円）、三和銀行（15億円）、東洋信託銀行（15億円）と横並びであり[90]、メインバンクを持たない体制であるといえる。

　直接金融で調達した資金をもとに、1990年代後半からソフトバンクは、「企業価値経営（時価総額経営）」を進めていく。時価総額とは発行済株式数に株価を掛けたもので、個々の企業や市場の規模をみるのに利用する指標のことであり[91]、一般に企業価値を表すとされる。「企業価値経営（時価総額経営）」とは、ソフトバンクからの出資により創出され

た関係会社が、営業キャッシュフローを自社に再投資を行い、最終的に株式公開することで、それら関係会社の株式を保有するソフトバンクの時価総額（企業価値）を高めるという経営である[92]。こうした「企業価値経営（時価総額経営）」について孫正義は、次のように語っている[93]。

　「我々（＝ソフトバンク）が唯一興味があるのは、それぞれの会社（＝出資先となる関係会社）の時価総額だけです。」
　「我々は、出資先をインターネット関連の分野に絞り、1つの会社に20〜35％ぐらいまで出資する。経営に影響を与える程度は出資し、それでいて経営をコントロールしないのです。」

　この方向に基づき、ソフトバンクの関係会社であるヤフー社が1997年10月に、トレンドマイクロ株式会社が1998年8月に、ソフトバンク・テクノロジー株式会社が1999年7月に、日本証券業協会に店頭登録し、株式公開を達成していく。さらに、1999年6月には、ソフトバンクは全米証券業協会との共同出資により、資本金6億円で米国NASDAQ市場の日本版である「ナスダック・ジャパン」を設立し[94]、株式公開のプラットフォームを構築する。
　これらの方向により、ソフトバンクの時価総額は、2000年に一時はトヨタ自動車株式会社を上回る20兆円を記録するものの、ITバブルの崩壊により、2002年2月にはピーク時の30分の1の水準に下がることで、その方向性の転換を余儀なくされる[95]。

２．組織体制
　ソフトバンクの組織体制について、株式公開直後の1995年3月末時点では、図6-3上側の組織図の通り、単純な事業部制が採用されている。しかしながら、「タイムマシン経営」「企業価値経営（時価総額経営）」など、ソフトバンクが投資を通じて関係会社を創出するためには、それに適した体制の構築が必要となる。そのための手段としてソフトバンクは、孫正義の個人資産管理会社である有限会社エムエーシー（以

下、MAC 社）を企業買収の受け皿として活用していく。

　MAC 社は未公開の有限会社であるものの、ソフトバンクの筆頭株主であり、1997 年 10 月時点で 43.3％の株式を保有している。ソフトバンクは、MAC 社に 2790 億円の長期貸付を行う一方で、MAC 社が前述のSBH 社に 2850 億円の長期貸付を行うことで、SBH 社の企業買収の原資にしたとされる。また MAC 社が果たす役割は、買収先企業の赤字部門の引受と、為替リスクの引受であったとされる[96]。この MAC 社の役割について孫正義は、次のように語っている[97]。

　　「ジフ・デービスには欧州法人など赤字の部門がありました。ソフトバンクとしてそれを買収して、本当にわれわれがやり切れるのか、よくわからなかったわけですね。

　　そこで、MAC 社で買っておけば、本当にそれが黒字になったら、あるいは黒字になるということが明確に見えた段階で、ソフトバンクが正当に評価して買収すれば、少なくとも競合には取られなくて済むと判断しました。

　　もし万が一、赤字のままで、こりゃ伸びないなと思えば MAC 社がよそに売るなり、その時点で閉鎖させるなり、僕自身のリスクの範囲ですべてやれるわけです。」

　一方、孫正義の個人資産管理会社の MAC 社を企業買収に活用した体制は、公開企業として不透明との批判を招くこととなる[98]。最終的にソフトバンクは、1998 年 12 月、MAC 社を吸収合併することとなる。

　ソフトバンクはその後、新たな体制を模索する。1999 年 4 月には、出版部門、金融部門、総務人事部門を分社する「事業持株会社制」を、さらに 10 月には、ソフト・ネットワーク事業を分社化することで、「純粋持株会社制」を導入している。

　さらに、2000 年 4 月には、事業分野を統括する純粋持株会社（中間持株会社）を設置する「事業統括会社制」を導入することにより、図 6-3 下側の組織図へと改訂する。これら一連の流れについて孫正義は、次の

[1995年3月]

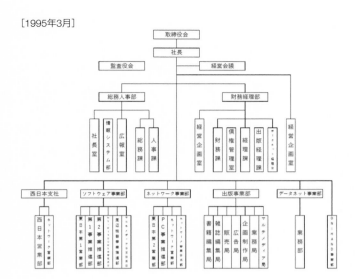

[2001年3月]

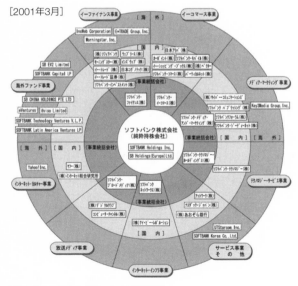

図6-3　ソフトバンクの組織図
（出所）ソフトバンク『有価証券報告書』（第 15 期）p.12、同（第 21 期）p.6

ように語っている[99]。

　「まず本体の下に分野別・地域別の持株会社を置く。これらもそれ
ぞれの分野の純粋持株会社ですね。その下に、事業会社が多数ぶら下
がる。そして、それぞれの中間持株会社の最高経営責任者（CEO）
は、その下にある事業会社の組替えをやる。追加して新しい会社を増
やしたいときは、勝手に資金調達を考えるか、手持ちの会社の株式を
売却して会社ごと入れ替える。僕は関与しません。」

　2010年代中盤に入ると、ソフトバンクは主力となった通信事業の集
約と同時に、投資に向けた組織体制の拡充を行っていく。通信事業につ
いては、2015年4月、ソフトバンクモバイル社を存続会社とする形で
集約される。さらに2015年7月に、ソフトバンクモバイル社は、「ソフ
トバンク株式会社」に商号変更され、それに伴いソフトバンクは、戦略
的投資持株会社としての位置づけを明確にするため、「ソフトバンクグ
ループ株式会社」に社名変更する[100]。さらに2017年5月には、「ソフ
トバンク・ビジョン・ファンド」が活動を開始し、投資のための組織体
制が完成する。
　ソフトバンクは、取締役の構成も変化させている。表6-1では孫正義
を除き、ソフトバンクが創出した関係会社の代表を「薄い網掛」で、買
収した関係会社を創業・経営者を「濃い網掛」で表すほか、外部組織に
所属する取締役（社外取締役）を「★印」で表している[101]。
　表6-1の通り、1998年度の取締役構成は北尾吉孝を除き、ソフトバ
ンク内部または外部組織に所属する取締役で構成される。また2008年
度には、宮内謙と馬雲（ジャック・マー）を除き、ソフトバンクの創出
した関係会社の代表を務める取締役と外部取締役が中心となる。しかし
2018年度には前述の馬雲（ジャック・マー）に加え、マルセロ・クラウ
レ、サイモン・シガースをはじめ、世界的なメガベンチャーのアントレ
プレナーが取締役を担うほか、ロナルド・フィッシャー、ラジープ・ミ
スラ、ヤシル・アルルマンといった関係会社投資の実務担当者や出資者

表6-1 ソフトバンクの取締役構成

1998年度		2008年度		2018年度	
孫正義 (代表取締役)	ソフトバンク	孫正義 (代表取締役社長)	ソフトバンク	孫正義 (代表取締役 会長 兼 社長)	ソフトバンク
北尾吉孝 (常務取締役)	イー・トレード	宮内謙 (取締役)	ソフトバンク	ロナルド・フィッシャー (取締役 副会長)	SB Investment Advisers (US)
宮内謙 (常務取締役)	ソフトバンク	笠井和彦 (取締役)	福岡ソフトバンクホークス	マルセロ・クラウレ (取締役 副社長 COO)	ブライトスター
ロナルド・フィッシャー (取締役)	ソフトバンク	井上雅博 (取締役)	ヤフー	佐藤勝紀 (取締役 副社長 CSO)	ソフトバンク
藤田田 (取締役) ★	日本マクドナルド	ロナルド・フィッシャー (取締役)	SoftBank Holdings	ラジーブ・ミスラ (取締役 副社長)	SB Investment Advisers
宮内義彦 (取締役) ★	オリックス	馬雲 (ジャック・マー) (取締役)	アリババ	宮内謙 (取締役副社長)	ソフトバンク株式会社 (通信)
大前研一 (取締役) ★	大前・アンド・アソシエーツ	柳井正 (取締役) ★	ファーストリテイリング	サイモン・シガース (取締役)	アーム
村井純 (取締役) ★	慶応大学	村井純 (取締役) ★	慶応大学	馬雲 (ジャック・マー) (取締役)	アリババ
重田康光 (取締役) ★	光通信	マーク・シュワルツ (取締役) ★	MissionPoint Capital Partners	ヤシル・アルルマヤン (取締役)	Public Investment Fund
				柳井正 (取締役) ★	ファーストリテイリング
				飯島彰己 (取締役) ★	三井物産
				松尾豊 (取締役) ★	東京大学

(注) ★は外部組織に所属する取締役
(出所) ソフトバンク『有価証券報告書』(第19期) pp.9-11, 同 (第29期) pp.55-57, 同 (第39期) pp.82-85 をもとに筆者作成

が、取締役の中心となっている。

　一方、組織体制の永続性については課題も残される。2010年9月に孫正義の後継者の育成を目指し「ソフトバンクアカデミア」が設立され、その後、ニケシュ・アローラが後継者に指名されるが[102]、2016年6月に突如、退任を発表する[103]。

　孫正義に代わり「戦略的な起業家集団」を率いるアントレプレナーをどうするか、ソフトバンクの永続に向けた体制は、まだ明らかにされていない。

IV. ディスカッション

1. 利益構造と投資パターン

　ここまで、ソフトバンクの成長について、関係会社創出を通じた発展の歴史と、それを支える仕組みについて、ケースを通じて説明してきた。以降ではソフトバンクのコーポレート・アントレプレナーシップ（以下、CE）の論点について、①利益構造と投資パターン、②コーポレート・ベンチャリングの変化と仕組み、という2点から議論を行う。

　①利益構造と投資パターンとは、ソフトバンクのCEにて、利益構造とその背景にある投資パターンはどのように変化したかという議論である。発展の歴史を見てわかる通り、ソフトバンクはM&Aなどの外部志向型コーポレート・ベンチャリング（以下、外部志向型CV）を通じて関係会社を創出している。外部志向型CVの代表例であるCVC投資の理論フレームでは、図2-7の通り、「コンテクスト」「CVCの特性」「成果」にて構成され、「成果」は、「財務的成果」「戦略的成果」に分類される。ここで論じる内容は、ソフトバンクのCEを通じて、「財務的成果」はどのように変化し、その背景として図2-7の「CVCの特性」に該当する関係会社への「投資パターン」がどのように変化したか、という内容となる。

　「財務的成果」のうち、ソフトバンクの事業セグメント別売上高は、図6-2の通りとなっており、事業セグメントを入替えながらダイナミッ

クに拡大していることがわかる。この「財務的成果」を利益の面から理解するために、ソフトバンクの事業セグメント別利益をグラフ化すると、図6-4の通りとなる。

　図6-4から、ソフトバンクの利益構造については4つのステージに分かれていると判断される。第1ステージ（1999年度まで）には、①ソフト・ネットワーク事業、⑤ヤフー事業など、損失を出さない反面、利益合計も最大300億円程度に留まる構造となる。

　第2ステージ（2000～2005年度）には、初期に一定の損失を出した後、安定的に利益確保する構造となる。具体的なセグメント損益としては、⑪ブロードバンド・インフラ事業（2002年度：-962億円/2007年度：397億円）、⑫固定通信事業（2004年度：-365億円/2009年度：229億円）など、開始時に損失が出るものの、5年程度で事業セグメントを黒字化する利益構造がとられている。

　第3ステージ（2006～2017年度）には、M&Aにより事業セグメントを開始した時点から大幅な利益を確保し、その後、利益をさらに拡大する構造となる。具体的には、⑬ソフトバンク事業、⑭スプリント事業といった、国内外の携帯電話事業では、M&Aされた企業が利益を上げており、子会社化によるセグメント開始後、さらに利益を増大させている。

　第4ステージ（2018年度以降）に、⑰ビジョン・ファンド事業が加わったことで、ソフトバンクの利益構造は大幅に転換する。具体的には、⑰ビジョン・ファンド事業の損益が、ソフトバンク全体の利益構造に大きな影響を与える形となっている。

　ここまで、利益構造の変化を見てきたが、その背景にはソフトバンクによる事業セグメントと関係会社への投資パターンの変化が存在する。よって以降では、第1ステージの1997年度、第2ステージの2002年度、第3ステージの2007年度のソフトバンクの投資パターンについて、ネットワーク解析ソフトPajek Ver2.05に実装された描画アルゴリズムを活用した分析結果について、説明を行う[104]。

　図6-5ではステージ別に、a）セグメントへの投資額、b）関係会社の数・規模、c）関係会社とソフトバンクとの関係性、を表している。

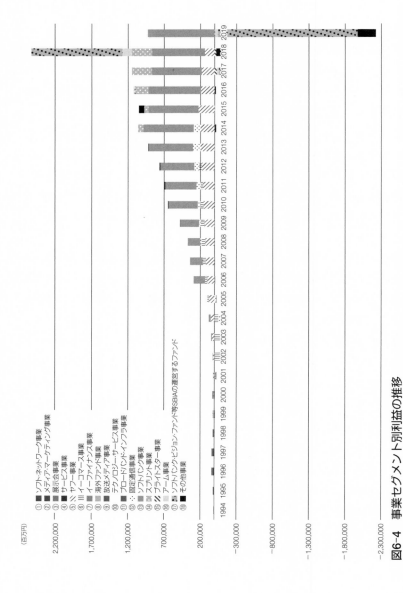

図6-4 事業セグメント別利益の推移

(出所) ソフトバンク『有価証券報告書』(第15期~第40期) をもとに筆者作成

a）セグメントへの投資額は、事業セグメントの資産額を、①〜⑱の中心の黒い円の面積で表している。b）関係会社の数・規模は、中心の黒い円から放射状に延びる線の数（＝会社数）と、線の先の黒い円の面積（＝関係会社の資本金額：規模）で表される。最後に、c）関係会社とソフトバンクとの関係性は、中心の黒い円の同心円にある補助線で表され、b）の線の先の黒い円の位置が、内側の補助線上＝出資比率100％、外側の補助線上＝出資比率0％となり、0〜100％の間に位置づけられる。

　第1ステージの1997年度には、各事業セグメントの中心の黒い円の面積から、セグメントへの投資額は小さいものといえる。また関係会社の数は少なく、線の先の黒い円も目視できないため、関係会社の規模も小さいといえる。最後に、関係会社とソフトバンクとの関係性については、中心の黒い円から延びる線の終点の位置から、関係会社によりまちまちとなっている。

　第2ステージの2002年度に入ると、事業セグメントの整理（①、③、④）と追加（⑤〜⑪）が行われ、特に、⑦イーファイナンス事業、⑧海外ファンド事業では多数の関係会社が創出される。中でも、⑦イーファイナンス事業の関係会社は148社に達するが、資本金額・出資比率とも限られた規模となる。一方、⑪ブロードバンド事業のBBT社や、⑱その他事業の株式会社あおぞら銀行など、後の主力事業やM&Aで獲得した関係会社は、資本金額も大きく、出資比率も高くなっている。

　第3ステージの2007年度に入ると、さらなる事業セグメントの整理（⑦〜⑩）と追加（⑫、⑬）が行われる。⑫固定通信事業では、一定規模のセグメント投資が行われ、中でも特に、⑬ソフトバンク事業では、巨額のセグメント投資が行われる。なお、⑬ソフトバンク事業では、ソフトバンクモバイルをはじめとする主な関係会社の資本金額は大きく、出資比率も100％となり、ソフトバンクに近い関係性といえる。

　ここまで、ソフトバンクによる事業セグメントと関係会社への投資パターンの変化について、図6-5を中心にステージ別に説明してきた。以上の結果、ソフトバンクの投資パターンは、少数企業への少額・分散投資（ステージ1）→多数企業への少額・分散投資（ステージ2）→少数企

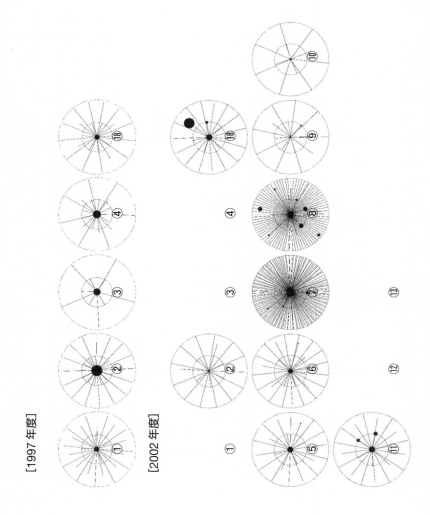

[1997 年度]

[2002 年度]

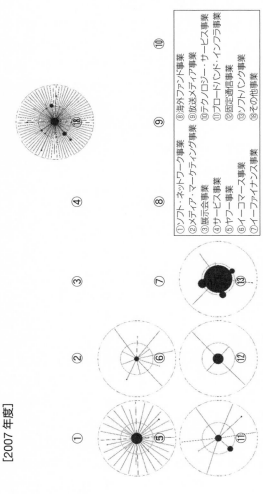

図6-5 ソフトバンクの事業セグメント別投資と関係会社創出

①ソフト・ネットワーク事業　⑧海外ファンド事業
②メディア・マーケティング事業　⑨放送メディア事業
③展示会事業　⑩テクノロジー・サービス事業
④サービス事業　⑪ブロードバンド・インフラ事業
⑤ヤフー事業　⑫固定通信事業
⑥イーコマース事業　⑬ソフトバンク事業
⑦イーファイナンス事業　⑱その他事業

[2007年度]

① ② ③ ④ ⑧ ⑨ ⑩
⑤ ⑥ ⑦ ⑬ ⑱
⑪ ⑫

(出所) 新藤・秋庭 (2014) p.34 をもとに筆者作成

業への多額・集中投資（ステージ3）へと投資パターンを進化させ、その結果、利益構造を変化させているといえる。

2．コーポレート・ベンチャリングの変化と仕組み

2点目の論点である②コーポレート・ベンチャリングの変化と仕組みとは、ソフトバンクが成長とともに、コーポレート・ベンチャリング（以下、CV）形態とそれを支える組織体制を変化させているという議論である。ソフトバンクによる関係会社創出と採用されたCV形態との関係は、表6-2の通りとなる[105]。

表6-2では、1990 ～ 2016年までの、ソフトバンクの関係会社創出について、関係会社名、出資比率、CV形態（内部志向型CV、協同型CV、外部志向型CV）を時系列で表している。表6-2からわかる通り、ソフトバンクが関係会社創出の際に採用しているCV形態について、一定のトレンドが存在する。具体的には、約25年間の長期的傾向を見た場合、関係会社創出に際し、ソフトバンクが採用したCV形態は、内部志向型CV →協同型CV →外部志向型CVへと、緩やかに変化しているといえる。

こうした、内部志向型CV →協同型CV →外部志向型CVという、CV形態の長期的な変化は、ソフトバンクの発展の歴史とも符合する。具体的には、1990年代初頭～中盤の、①ソフト・ネットワーク事業、②メディア・マーケティング事業では、関係会社創出に際して「内部志向型CV」が、主として採用されている。また1995年のヤフー株式会社設立にともない、⑤ヤフー事業、⑦イーファイナンス事業、⑨放送メディア事業では、海外企業との共同投資による「協同型CV」が採用され、関係会社が次々と創出されている。その後、2000年代に入ると、⑪ブロードバンド・インフラ事業、⑫固定通信事業、⑬ソフトバンク事業をはじめとする通信事業への本格参入の際、大型買収を中心とする「外部志向型CV」が活用される。さらに2010年代以降は、⑭スプリント事業、⑮ブライトスター事業、⑯アーム事業など、海外企業の超大型買収による「外部志向型CV」が、より活発に用いられるようになる。

表6-2　関係会社創出とコーポレート・ベンチャリング形態

	関連会社	出資比率(%)	CV形態		
			内部	協同	外部
1990年10月	ソフトバンク物流株式会社	100	○		
1990年10月	ソフトバンク技研株式会社	100	○		
1991年7月	ネットプロ・コンサルティング株式会社	100	○		
1992年1月	ソフトベンチャーキャピタル株式会社	95	○		
1994年3月	SoftBank Holdings Inc.	100	○		
1994年4月	メディアバンク企画株式会社	60		○	
1995年8月	ゲームバンク株式会社	60		○	
1996年1月	ヤフー株式会社	60		○	
1996年6月	ソフトバンクベンチャーズ株式会社	100	○		
1996年6月	株式会社サイバー・コミュニケーションズ	49		○	
1996年12月	ジェイ・スカイ・ビー株式会社	50		○	
1997年5月	ソフトバンク・コンテンツ・パートナーズ株式会社	100	○		
1997年5月	ソフトバンク・ライツ・エージェンシー株式会社	90	○		
1997年7月	ジオシティーズ株式会社	60		○	
1998年6月	イー・トレード株式会社	58		○	
1998年7月	オンセール株式会社	60		○	
1998年10月	フォレックスバンク株式会社	60		○	
1998年12月	インズウェブ株式会社	55		○	
1999年1月	ブロードキャスト・コム株式会社	60		○	
1999年9月	スピードネット株式会社	36		○	
2004年7月	日本テレコム株式会社	100			○
2005年1月	株式会社福岡ダイエーホークス	100			○
2005年2月	ケーブル・アンド・ワイヤレスIDC株式会社	100			○
2006年4月	ボーダフォン株式会社	100			○
2013年1月	イー・アクセス株式会社	33			○
2013年4月	ガンホー・オンライン・エンターテイメント株式会社	40			○
2013年7月	株式会社ウィルコム	100			○
2013年7月	Sprint Corporation	80			○
2013年10月	Supercell Oy	80			○
2014年1月	Brightstar Corp.	100			○
2016年9月	ARM Holdings plc	100			○

（出所）ソフトバンク『有価証券報告書』（第15期〜第40期）をもとに筆者作成

　CV形態を長期的に変化させる上では、それを実現させる仕組が必要となる。ソフトバンクでは、内部志向型CVから、協同型CVと外部志向型CVに移行するために、投資・資金調達や、組織体制の面で、さまざまな仕組みを構築してきている。

　投資・資金調達の仕組としてソフトバンクは、SoftBank Holdings Inc.やソフトバンク・ビジョン・ファンドなど、グローバル投資と資金調達の仕組を構築している。また事業部制から持株会社制に移行するこ

とを通じ、事業セグメントのダイナミックな再構築を可能にしている。さらに取締役の構成も、関係会社の経営者と投資担当者・出資者で構成することで、外部志向型 CV への経営判断を担保している。こうした自社の状況について孫正義は、次のように語っている[106]。

　「（自社について）『投資会社』と言っています。いくら『戦略的な起業家集団』と言っても、『所詮あんたは投資会社でしょ』と言われるので。本当は単にお金を追い求める投資会社とは違い、『情報革命屋さん』が本業です。」

注

1) 概要の数値などは、ソフトバンクグループ株式会社『有価証券報告書』（第 40 期）のデータより引用した。
2) 本章では、ソフトバンクグループ株式会社及びその前身となる会社について「ソフトバンク」と表現する。なお 2015 年 7 月にソフトバンクモバイル株式会社を存続会社として誕生した通信事業会社は区分のため「ソフトバンク株式会社」と表記する。
3) 本章の事例作成に際し、膨大な関係会社の創出を客観的かつ俯瞰的に記述・分析することを優先している。そのため研究方法として、インタビュー調査は行わず、同社および関係会社が発行する『有価証券報告書』『アニュアルレポート』『プレスリリース』などの資料サーベイを柱としている。さらに筆者が独自作成した各種データベース（新藤・秋庭（2014）、新藤（2014））を分析することで、資料サーベイを補完している。
4) 本章において、出所に「筆者作成」と記載のあるソフトバンクの図表については、筆者独自の基準により集計・作成したものであり、ソフトバンクの公式見解とは必ずしも一致しない。
5) 事業セグメントの名称には、直近の存続年度の『有価証券報告書』に記載された名称を使用している。またセグメントの継続判断については、2 社以上の代表的関係会社が同一セグメントに存続した場合には「存続（または名称変更）」、そうでない場合は「消滅（または他のセグメントによる吸収）」と判断した。なお、名称変更による「存続」と判断されたセグメント

名とその推移は、以下の通りとなる。
【名称変更により存続したセグメント】
　［メディア・マーケティング事業］1994-1995 年度＝出版事業、1996-1998 年度＝メディア事業
　［ヤフー事業］1998 年度＝インターネット事業、1999-2012 年度＝インターネット・カルチャー事業、2013-2014 年度＝インターネット事業
　［ブロードバンド・インフラ事業］2000 年度＝インターネット・インフラ事業
　［ソフトバンク事業］2006-2014 年度＝移動体通信事業、2015-2017 年度＝国内通信事業
　［ブライトスター事業］2015-2017 年度＝流通事業
　［ソフトバンク・ビジョン・ファンド等 SBIA の運営するファンド事業］2017-2018 年度＝ソフトバンク・ビジョン・ファンドおよびデルタ・ファンド事業
　また「消滅（または他のセグメントによる吸収）」と判断した事業セグメントが、他のセグメントに吸収されたか消滅したかについては、ソフトバンク『有価証券報告書』からの判断が困難であるため、本図では表現していない。
6) ソフトバンク『アニュアルレポート』（2020）ではソフトバンクの成長段階について、事業領域に応じて「PC ソフトウェア」（1981-1995）「インターネット・ブロードバンド」（1996-2005）、「モバイルブロードバンド」（2006-2014）、「IoT・AI」（2015-）に分類している。本章では事業セグメントの推移を議論

7) Webber（1992）p.98。

8) 同上 p.100。

9) 同上 p.100。

10) 同上 p.100。

11) 同上 p.100。

12) 三木（2011）p.66、p.164。

13) 『日経ビジネス』（2006 年 12 月 11 日号）p.53。

14) 事業名の表記について、本節では設立時の事業名で表記し、初出時に①〜⑱の最終的な事業名との対応を記載する。

15) Webber（1992）pp.94-95。

16) 同上 pp.95-97。

17) 同上 p.99。

18) 同上 p.95。

19) 同上 p.100。

20) 同上 p.100。

21) 同上 p.95。

22) ソフトバンク『アニュアルレポート』（2020）p.8。

23) 『日経ビジネス』（1997 年 10 月 13 日号）p.27。

24) 同上 p.25。

25) 2019 年 10 月 1 日に「ヤフー株式会社」は「Z ホールディングス株式会社」へと商号変更されたが、以降では「ヤフー株式会社」と表記する。

26) ヤフー株式会社の当初の事業セグメントは、①ソフト・ネットワーク事業（1995 年度）→⑱その他事業（1996-1997 年度）であり、⑤ヤフー事業として独立するには 1998 年度以降となる。

27) ソフトバンク『プレスリリース』（1996 年 1 月 11 日）。

28) 同上。

29) ヤフー社ホームページ（https://about.yahoo.co.jp/info/history/）。

30) ヤフー社『プレスリリース』（1996 年 7 月 15 日）（1999 年 1 月 14 日）。

31) 同上（2000 年 7 月 7 日）。

32) 同上（1999 年 9 月 9 日）（1999 年 9 月 28 日）。

33) 同上（2000 年 7 月 7 日）。

34) SBI 社『有価証券報告書』（第 3 期）（第 21 期）。

35) 出資金 1152 億円のうち、530 億円は「ソフ

トバンク・インターネットテクノロジー・ファンド 1 号」からの出資となる。

36) ソフトバンク『有価証券報告書』（第 19 期）（第 22 期）。

37) SBI 社『有価証券報告書』（第 21 期）。

38) ソフトバンク『有価証券報告書』（第 17 期）。

39) ソフトバンク『プレスリリース』（1996 年 12 月 17 日）。

40) 『日経ビジネス』（1998 年 6 月 15 日号）pp.8-9。

41) ブロードメディア『有価証券報告書』（第 24 期）。

42) ソフトバンク『プレスリリース』（1999 年 9 月 10 日）。

43) 『日経ビジネス』（2002 年 2 月 11 日号）p.35。

44) ソフトバンク『プレスリリース』（2000 年 3 月 31 日）。

45) ソフトバンク『アニュアルレポート』（2001）p.9。

46) 同上（2002）p.6。

47) ソフトバンク株式会社ホームページ（https://www.softbank.jp/corp/aboutus/history/sbb/）

48) ソフトバンク『アニュアルレポート』（2004）p.8。

49) 『日経ビジネス』（2019 年 10 月 7 日号）p.30。

50) ソフトバンク株式会社『有価証券報告書』（第 34 期）。

51) ソフトバンク『アニュアルレポート』（2005）pp.7-8。

52) 同上（2006）p.7、p.18。

53) 同上（2007）pp.33-35。

54) ソフトバンク株式会社『プレスリリース』（2007 年 5 月 31 日）。

55) 同上（2008 年 6 月 23 日）。

56) ソフトバンク『アニュアルレポート』（2013）p.22。

57) 同上（2015）p.57。

58) 同上（2015）p.57。

59) 同上（2013）p.22。

60) 同上（2014）p.15。

61) 同上（2014）p.35。

62) 同上（2014）p.22。

63) 同上（2017）p.60。

64) 同上（2020）p.3。

65) 同上（2020）p.25。

66) 同上（2014）p.140。

67) 同上（2019）p.36。

68）同上（2014）p.141。
69）同上（2020）p.12。
70）同上（2017）p.20。
71）同上（2017）p.21。
72）同上（2020）p.5、pp.22-24。
73）同上（2017）p.22。
74）同上（2017）p.14。
75）同上（2017）p.22。
76）同上（2020）p.21。
77）同上（2020）p.16。
78）同上（2020）p.16。
79）同上（2020）p.68。
80）同上（2014）p.50。
81）ソフトバンクロボティックス社『プレスリリース』（2014 年 8 月 1 日）。
82）同上（2015 年 6 月 18 日）。
83）ソフトバンク『有価証券報告書』（第 20 期）p.15。
84）ソフトバンク『アニュアルレポート』（2000）p.25。
85）資金調達→投資審査・価値評価・契約・投資→モニタリング・価値付与→資金回収などファンド運営に責任を持つ投資家のこと（忽那（2006）pp.5-12）。
86）ソフトバンク『アニュアルレポート』（2020）p.8。
87）『日経ビジネス』（2000 年 6 月 19 日）pp.140-142。
88）ソフトバンク『有価証券報告書』（第 15 期）p.38、p.55。
89）『日経ビジネス』（2002 年 2 月 11 日）p.29。
90）ソフトバンク『有価証券報告書』（第 16 期）p.45、p.51。
91）大和証券株式会社ホームページ（https://www.daiwa.jp/glossary/YST0667.html）。
92）『日経ビジネス』（1999 年 10 月 25 日）p.61。
93）『日経ビジネス』（1999 年 10 月 25 日）p.63。
94）ソフトバンク『アニュアルレポート』（2000）p.30。
95）『日経ビジネス』（2002 年 2 月 11 日）p.27。
96）同上（1997 年 10 月 13 日）p.23。
97）同上（1997 年 10 月 13 日）p.32。
98）同上（1997 年 10 月 13 日）p.32。
99）同上（1999 年 10 月 25 日）p.64。
100）ソフトバンク『アニュアルレポート』（2020）p.9。
101）取締役の区分は『有価証券報告書』に記載の経歴のうち、「現任」と表記のある内容から判断を行った。具体的には、創出した関係会社の代表については、創出された関係会社の職位が「代表取締役社長」「President」「CEO」とあるものを抽出した。また買収した関係会社の創業・経営者については、買収された関係会社の創業後数年以内から所属し、なおかつ職位が「代表取締役社長」「President」「CEO」とあるものを抽出した。さらに外部組織に所属する取締役については、前述の区分に該当せず、なおかつ現任がソフトバンクおよび関係会社以外の所属のものを抽出した。
102）『日経ビジネス』（2010 年 9 月 27 日号）p.37。
103）同上（2016 年 8 月 8 日-15 日号）p.19。
104）Pajek による分析は、新藤・秋庭（2014）をベースに加筆している。
105）『有価証券報告書』（第 15〜第 40 期）の会社沿革欄のうち、「設立」「子会社化」と記述された内容のみ抽出した。なお「設立」という記述のうち、出資比率に応じて、80％以上を「内部志向型 CV」、80％未満を「協同型 CV」に分類した。さらに「子会社化」という記述については、「外部志向型 CV」に分類した。なお会社名は「設立」「子会社化」時点のものであり、第 2 章の CV 形態の定義とは、必ずしも対応していない。
106）『日経ビジネス』（2019 年 10 月 7 日号）p.29。

参考文献

Webber, A. M.（1992）. Japanese-Style Entrepreneurship: An Interview with SOFTBANK's CEO, Masayoshi Son, *Harvard Business Review*, 70 (1): 92-103 ※

松田修一（1999）「ソフトバンク株式会社―デジタル情報産業のインフラプロバイダー財閥を目指して―孫正義氏のネット財閥構想」『早稲田大学ビジネススクールケース』No. Ⅲ -3-1-80-99/8-S,M

三木雄信（2011）『孫正義名語録：事を成すためのリーダーの心得 100』ソフトバンククリエイティブ

山崎広明（2007）「孫正義（ソフトバンク）の企業者活動」『企業家研究』4: 96-108

第7章

事例分析

Ⅰ．比較分析

　ここまで、パナソニック株式会社（以下、パナソニック）、ANA ホールディングス株式会社（以下、ANA HD）、バイエル薬品株式会社（以下、バイエル薬品）、ソフトバンクグループ株式会社（以下、ソフトバンク）の事例について説明してきた。これら4社は、第2章で説明した通り、電機、航空、製薬、ICT と多様な業種構成となっており、その属性も、国内既存企業、外資系企業、メガベンチャー、と多岐に渡るほか、内部志向型、協同型、外部志向型という CV 形態を網羅しつつ、なおかつ戦略的アントレプレナーシップまたはイノベーションの実現を目指す企業を選択している。そうした意味では、これら4社の事例は、「極端／珍しい／決定的」事例であり、比較分析する場合、先行研究の理論をフィルターとする、非実証主義的方法に基づく比較事例研究をとることが妥当と考える[1]。よって以降では4社の事例について、図2-10で提示したコーポレート・アントレプレナーシップ（以下、CE）のフレームをもとに、整理を行う。

　図2-10の要素である「コーポレート・ベンチャリング」「戦略的アントレプレナーシップ」「イノベーション」をもとに、4社の事例について整理すると、表7-1の通りとなる。なお各事例における重要な影響要因の排除を避ける観点から、表7-1では上記の3つの要素の他に、「その他」のカテゴリーを設けている。

　第1に、「コーポレート・ベンチャリング（以下、CV）」について、4

表7-1　比較事例分析

	パナソニック株式会社	ANA ホールディングス株式会社
コーポレート・ベンチャリング	【内部志向型】 [ボトムアップ型] ・PSUF 制度（コーポレート） ・BeeEdge 社（AP 社） [トップダウン型] ・新事業開発部門（LS 社） ・パナソニックβ（コーポレート） 【外部志向型】 ・R&D 部門（コーポレート） ・PVL 社（コーポレート） 【イントレプレナー】 ・パナソニック社員 ・DeNA 出身者（BeeEdge 社） ・米国 CVC 出身者（PVL 社） ・Google 出身者（パナソニックβ）	【内部志向型】 ・Peach Aviation 【協同型】 ・エアアジア・ジャパン（バニラ・エア） 【イントレプレナー】 ・井上慎一（Peach CEO） ・森健明（Peach COO） ・岡村淳也（Peach CFO） ・遠藤哲（Peach 総合企画部長）
戦略的アントレプレナーシップ	【ビジネスモデルの再構築】 [新事業開発部門（LS 社）] ・テクノストラクチャー事業の開発 ・エイジフリー事業の開発	【ビジネスモデルの再構築】 ・日本版 LCC 事業の確立 【企業ドメインの再定義】 ・Peach Aviation の連結子会社化 ・LCC 事業＝ANA グループの第 4 の柱
イノベーション	【急進的製品イノベーション】 [新事業開発部門（LS 社）] ・テクノストラクチャー工法の開発 [パナソニックβ（コーポレート）] ・IoT 住宅「カサートアーバン」	
その他	【コンテクスト（組織）】 ・事業構造改革（中村邦夫） ・部門（本社・子会社）のイニシアティブ	【コンテクスト（組織）】 ・経営ビジョン「アジア No.1 　エアライン」 ・持株会社制への移行 【コンテクスト（環境）】 ・海外 LCC による日本市場参入

（出所）筆者作成

バイエル薬品株式会社	ソフトバンクグループ株式会社
【協同型】 ・オープンイノベーションセンター（ICJ） ・CoLaborator Kobe（インキュベーション） ・Grants4Targets（研究助成プログラム） 【外部志向型】 ・CVC 投資の検討→不採択 【イントレプレナー】 ・高橋俊一（ICJ センター長） ・栗原哲也（ICJ 主幹研究員）	【内部志向型】 ・出版事業 【協同型】 ・インターネット関連事業（ヤフー） ・イーファイナンス事業（SBI） ・放送メディア事業（J sky B） 【外部志向型】 ・通信関連事業（ブロードバンド、 　固定電話、携帯電話） ・海外大型買収（スプリント、アーム） 【イントレプレナー】 ・多様な関連会社トップ
	【ビジネスモデルの再構築】 ・関連会社でのビジネスモデル構築 【企業ドメインの再定義】 ・事業構成のダイナミックな変化 ・収益モデルの変化 【独立型ベンチャーのSE】 ・創業者（孫正義）のイニシアティブ ・取締役構成（社内→買収先創業者）
【急進的製品イノベーション】 ・バイオ創薬 BV、研究支援科学 BV、 　診断・治療支援 AI 系 BV との協同 　の萌芽	【急進的製品イノベーション】 ・ハイテク企業・事業の買収 （半導体：アーム、ロボット：Pepper）
【コンテクスト（組織）】 ・高い共同開発比率（60%）（HQ） ・神戸リサーチセンター閉鎖 【コンテクスト（環境）】 ・アカデミア /BV との共同開発 ・大学・研究機関・病院の集積（神戸）	【コンテクスト（組織）】 ・株式公開 ・ファンドによる投資 ・組織構造（事業部制→持株会社制）

社の共通点としては、「内部志向型 CV」「協同型 CV」「外部志向型
CV」という 3 つの形態のうち、どの形態が採用されたかは別として、
いずれの事例でも単一の CV 形態ではなく、複数の CV 形態が採用・検
討されていることがわかる。またいずれの事例においても、「イントレ
プレナー」が何らかの重要な役割を果たしている点も、共通点として観
察されている。

　一方で、CV について、① CV 形態の存続パターン、②イントレプレ
ナーの属性の 2 点において、各事例の相違点が存在する。① CV 形態の
存続パターンとは、CV 形態がどのような形で存続するかという議論で
ある。パナソニックとソフトバンクでは複数の CV 形態が併存する一
方、ANA HD とバイエル薬品では、最終的に 1 種類の CV 形態（ANA
HD ＝内部志向型、バイエル薬品＝協同型）に集約をされている。なおこ
うした相違は、4 社の事例が対象とする「レベルの違い」に起因すると
考える。具体的には、パナソニックとソフトバンクは、複数事業を対象
とする「全社レベル」の事例である一方、ANA HD とバイエル薬品
は、単一事業を扱う「事業レベル」の事例となっている。以上の議論か
ら CV 形態の選択について、複数事業を対象とする「全社レベル」で
は、1 社の中で、各事業の状況に応じ複数の CV 形態が併存する一方、
個々の「事業レベル」では、「どの CV 形態を採用するか」という「CV
形態の選択」の議論[2]が発生するものと想定される。

　②イントレプレナーの属性についてもまた、前述の 2 つのグループの
間で、相違が発生している。パナソニックとソフトバンクでは、既存企
業の社員に加え、多様な社外人材がイントレプレナーとして、ベンチャ
ー（または創出の仕組み）に取込まれているが、その背景には「外部志向
型 CV」の採用があると想定される。外部志向型 CV は、「社外で創造
された新事業に対して、既存企業が投資・買収を行うベンチャー創出活
動」と定義され[3]、図 2-7 では CVC 投資のコンテクストとして、「既存
企業とベンチャーとの関係」が含まれている[4]。そこで課題となるの
は、投資先のベンチャーを誰が経営するのかという点であるが、両社の
事例では、外部志向型 CV への対応として、既存企業の社員と（投資先

を含む）社外のベンチャー経験者による混成チームが採られている。

　ANA HD とバイエル薬品では、②イントレプレナーの属性として、いずれも生抜きに近い既存企業の社内人材が中核を担っている。ここで注目すべきは、内部志向型 CV を採用した ANA HD に加え、協同型 CV を採用したバイエル薬品でも、社内人材が重要な役割を果たしている点である。協同型 CV の場合、外部の新たな知識を吸収・活用する「吸収能力」が重要とされ、中でも提携企業との知識共有のルーチンが重要とされる[5]。この提携企業との知識共有ルーチンを構築するためには、社内を知るだけではなく、社外のベンチャーについても深い知識を持つ、「社際企業家」と呼ぶべきイントレプレナーが求められ[6]、両社の事例ではこれらが顕在化した結果と考える。

　第 2 に、「戦略的アントレプレナーシップ（以下、SE)」について、バイエル薬品を除く 3 社の共通点としては、いずれも「ビジネスモデルの再構築」が行われる点が挙げられる。しかしこの共通点について、3 社はいずれも SE を実現した事例を抽出しており、図 2-10 の CV と SE とが重なる領域に概当することから、「ビジネスモデルの再構築」を含むことが事例選択の所与の条件になったものと想定される。

　一方で、「企業ドメインの再定義」のあり方は、事例により異なっている。具体的には「企業ドメインの再定義」について、パナソニックの事例からは特に観察されず、ANA HD の事例からは、「LCC 事業を ANA グループの第 4 の柱にする」という再定義の萌芽が見られ、ソフトバンクの事例では、事業構成と収益モデルがダイナミックに変化するという形で表れている。これら 3 社の事例の差異は、CV の成果の差異、すなわち図 2-5 の CV の「戦略的便益」が、既存企業の全社レベルに及んだか、事業レベルにとどまったかという違いによるものと想定される[7]。

　なお SE について、ソフトバンクの事例では創業者（孫正義）のイニシアティブや取締役の構成が、影響要因として観察された。これらは創業者（＝アントレプレナー）が既存企業を独自のスタイルで経営するソフトバンク特有の状況であり、本来は SE に含まれない「独立型ベンチ

ャーのSE」が出現したものと考える。

　第3に、「イノベーション」について、各事例とも「急進的製品イノベーション」を扱う点では共通するが、その成果は限定的となっている。具体的に、パナソニックの事例では、「テクノストラクチャー工法」の開発に時間を要し、バイエル薬品の事例では、バイオベンチャー（BV）との協同の萌芽に留まり、ソフトバンクの事例では、ハイテク企業・事業への出資に留まっている。この背景としては、CEを伴う急進的イノベーションの方法が、日本ではまだ十分に定着していないためと想定される。

　最後に、「その他」に該当する内容として、「コンテクスト」（組織・環境）の影響が確認されたが、これらは前述の図2-5の「コンテクスト（環境・組織コンテクスト）」に該当すると考える[8]。各事例で「コンテクスト」の影響が観察された原因としては、第2章のCEの定義において「ベンチャー創出を伴う」というように、CVの実行を前提に事例を抽出したことに起因すると考える。なお表7-1のANA HDとバイエル薬品の事例では「環境」が影響を及ぼしているが、その理由としては図2-5の通り、外部環境が「モデレーター」として影響する場合とそうでない場合があるためと考える。

Ⅱ．過程追跡法による分析

　パナソニック、ANA HD、バイエル薬品、ソフトバンクの4社のスタティックな比較については表7-1の通りとなるが、第3～第6章に記述の通り、4社のCEは、ダイナミックなプロセスで展開している。よって以降では図2-10のフレームと、表7-1の記述に絞った形で、過程追跡法による事例分析を行う[9]。

　4社のCEのプロセスは、図7-1により表される。図7-1では、図2-10のフレーム上に、各事例に関係するCEの要因をプロットするとともに、その時系列について、(a)から始まるアルファベットを記載した矢印で示している。またCEの要因と時系列について、因果推論の上で

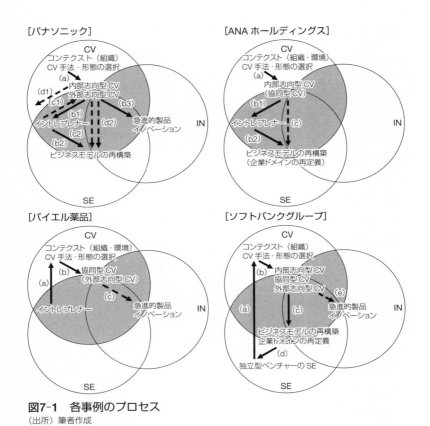

図7-1　各事例のプロセス
(出所) 筆者作成

　弱い要因は（　）で括るほか、時系列を示す矢印のうち弱い関係につい
ては、点線矢印を使用して表現している。

　パナソニックの事例では、事業構造改革や部門のイニシアティブを起
点に、CV 形態が選択される（矢印 (a)）。パナソニックでは最初、新事
業開発部門（LS 社）の［トップダウン型］内部志向型 CV により、内
部選抜を通じてイントレプレナーが任命された結果（矢印 (b1)）、ビジネ
スモデルの再構築に成功したほか（矢印 (b2)）、テクノストラクチャー工
法の開発という急進的イノベーションの成果も上げた（矢印 (b3)）。直後
の、［ボトムアップ型］内部志向型 CV では、イントレプレナーが自主
的に応募する方法が採用され（矢印 (c1)）、同時期に R&D 部門による投

資も行われたが、ビジネスモデルの再構築には至らなかった（矢印 ⒞2）。さらにその後、CVC 設立や社内ベンチャー制度の改善を通じ、イントレプレナーが社外から補強され（矢印 ⒟1）、ビジネスモデルの再構築への新たな取組が行われつつある（矢印 ⒟2）。

　ANA HD の事例では、「アジア No.1 エアライン」という経営ビジョンや、海外 LCC の日本参入という「コンテクスト」に基づき、CV 形態の選択が行われている（矢印 (a)）。ここで興味深い点は、Peach Aviation（内部志向型 CV）とエアアジア・ジャパン（協同型 CV）という 2 種類の CV 形態が同時に採用されている点である。Peach Aviation では、井上・森・岡村・遠藤といったイントレプレナーによる経営チームが組成され（矢印 ⒝1）、日本版 LCC 事業が確立されるとともに、「LCC 事業を ANA グループの第 4 の柱にする」という企業ドメインの再定義へとつながっている（矢印 ⒝2）。一方、エアアジア・ジャパンについては、LCC 事業として開始され、バニラ・エアを経て、最終的に Peach Aviation に吸収されている（矢印 (c)）。

　バイエル薬品の事例では、中期経営計画策定を通じてイントレプレナーの経営チーム（高橋・栗原）が組成されることが、オープンイノベーションセンター（ICJ）の起点となっている（矢印 (a)）。その一方で、バイエル薬品が置かれたコンテクストとしては、アカデミア/BV との共同開発を行う業界環境であり、そうした前提のもと、神戸リサーチセンターや中央研究所といった、国内研究開発拠点が閉鎖される状況にあった。そうした中、急進的製品イノベーションを実現する仕組みとして、外部志向型 CV（CVC 投資）が提案されるが、バイエル HQ により不採択となり、最終的に協同型 CV（オープンイノベーションセンター）が採用される（矢印 (b)）。その後、開設されたオープンイノベーションセンターには、3 社のバイオベンチャー（BV）が入居し、バイエル薬品との協同が行われつつある（矢印 (c)）。

　最後にソフトバンクの事例では、(a)→(b)→(c)のサイクルにより CE が、繰返し行われる状況となっている。独立型ベンチャーとして出発したソフトバンクの場合、創業者の孫正義の「成長志向」、すなわち独立

型ベンチャーのSEが、同社のCEの出発点となっている（矢印(a)）。着目すべき点は、ソフトバンクの事例では、他の3社の事例と異なり、組織コンテクストがCEの出発点や制約条件とはなっていない点である。ソフトバンクでは株式公開による資金調達、ファンドによる投資、組織構造の変化などの組織コンテクストが、孫正義の「成長志向」を実現する「組織的手段」となっている。「組織的手段」を通じて獲得された資金や事業創造スキルに基づき、ソフトバンクのCV形態は、内部志向型CV→協同型CV→外部志向型CVという形で進化している（矢印(b)）。これらCV形態を通じて創出された関連企業は、「ビジネスモデルの再構築」に該当するほか、事業構成や収益モデルがダイナミックに変化する形で、ソフトバンクの「企業ドメインの再定義」へとつながっている（矢印(c)）。さらに2010年代に入ると、これら(a)→(b)→(c)の基本的サイクルのほか、新たな流れが追加される。具体的には、半導体（アーム社）やロボット（Pepper）といった、ハイテク企業・事業の買収による急進的製品イノベーションの獲得が目指される（矢印(e)）。またアリババ社、アーム社、ブライトスター社など、買収した世界的なメガベンチャーのアントレプレナー（創業者）をソフトバンクの取締役に加えることで、独立型ベンチャーのSEを強化している（矢印(d)）。こうしてソフトバンクでは、(a)→(b)→(c)→(d)という循環を通じて、ベンチャー創出を拡大再生産している。

　ここまで4社の事例について、過程追跡法により分析してきたが、CEの起点・転換点として、以下の4点が挙げられる。第1に、ソフトバンクを除く3社の事例から「イントレプレナーの経営チーム」がCEの起点・転換点になっている。第2に、パナソニックとANA HDの事例から、「コンテクスト（組織・環境）」がCEの起点・転換点になっている。第3に、全社の事例に共通して、「CV形態の選択」がCEの転換点になっている。第4に、ソフトバンクの事例から観察された特異な現象として、「独立型ベンチャーのSE」がCEの起点・転換点になっている。

Ⅲ．導出される論点

　過程追跡法を通じて導出された起点・転換点と、非実証主義的方法に基づく比較事例研究を通じた分析から、導出される論点は以下の4点に整理される。

　第1に、コーポレート・アントレプレナーシップ（CE）の起点としては、「コンテクスト主導型」「アントレプレナー主導型」の2種類に分けられる。ここでいう「コンテクスト主導型」とは、既存企業の組織や外部環境といったコンテクストがCEの起点となるものであり、パナソニックとANA HDの事例が該当する。一方「アントレプレナー主導型」とは、イントレプレナーや、場合によっては既存企業の創業者がCEの起点になるものであり、バイエル薬品・ソフトバンクの事例が該当する。これらの起点の違いはある意味、「コーゼーション」と「エフェクチュエーション」の違いに対応するものと考える。

　新市場の創出に際し、「コーゼーション」では機会の分析が出発点になる一方、「エフェクチュエーション」では、アントレプレナー自身が持つ手段の評価が出発点となる[10]。また意思決定において行動原則、リスクと資源引退する見解、外部との関係、予期せぬ事象への対処、市場開拓の方策の面で両者は異なるとされる[11]。これら4社の事例から、仕組でビジネスが動く伝統的な日本の既存企業では、「コーゼーション」が発揮されやすく「コンテクスト主導型」となる一方、個人のイニシアティブでビジネスが動く外資系企業やメガベンチャーでは、「エフェクチュエーション」が発揮されるため「アントレプレナー主導型」となるものと推測される。

　第2に、CV形態の選択のパターンには、最終的に1つのCV形態が残される「適者生存型」と、進化しつつ複数のCV形態が併存する「進化型」が存在する。このうち「適者生存型」は、「事業レベル」の事例（ANA HDとバイエル薬品）で観察されたが、先行研究と対比すると、CV手法の長所・短所に関する合理的な判断よりも[12]、コンテクストや成果の影響により[13]、CV形態の選択が行われている。

「進化型」については、パナソニックとソフトバンクなど、複数のCV形態が併存する「全社レベル」の事例で観察されたが、両社の進化のプロセスは異なっている。パナソニックの事例では、各部門のイニシアティブのもと、事業レベルでCV形態の選択が行われ、導入時期に応じ最新のCV形態が採用されている。こうして事業レベルの「適者生存型」のCV形態の選択が繰返され、全社レベルで見た場合、CV形態の選択が結果的に進化するパターンとなっている。一方で、ソフトバンクの場合には、創業者のイニシアティブのもと、内部志向型→協同型→外部志向型という、明確なCV形態の進化プロセスがとられている。この2社のプロセス違いは、新事業開発の「創発性重視型」と「戦略主導型」の議論に該当すると考える。「創発性重視型」では専門部署主導で新事業開発が行われ、既存企業のトップは「黒子」に徹する反面、「戦略主導型」ではトップ主導の新事業開発が行われる[14]。以上の点からパナソニックは「創発性重視型」に、ソフトバンクは「戦略主導型」に、それぞれ概当すると考える。

　第3に、イントレプレナーのあり方が、CEにおいて重要な役割を果たしており、中でもCV形態とイントレプレナーの属性の組合せがカギとなっている。具体的には、内部志向型CVを選択したANA HDの場合、多様な背景とプロジェクトの経験を持つイントレプレナーの経営チームが重要な役割を果たすほか、協同型CVを選択したバイエル薬品では、社内外に精通した「社際企業家」とも呼ぶべきイントレプレナーがキーパーソンとなっている。さらにパナソニックでは、内部人材に加え、株式会社ディー・エヌ・エー（DeNA）といった国内ベンチャーや、米国 Google や CVC 出身者を補強することで、外部志向型CVの精度を高めている。

　なおこれらの事例では、いずれも「単独創業」ではなく「経営チーム」による創業が行われている。その背景としてCEの場合、イントレプレナーによる創業となるため、「重要な人的・社会関係・経済的資本の不足」「苦手な仕事の存在」「コラボレーション欲求」「支援や正当化への強い欲求」など[15]、独立型ベンチャーの先行研究で論じられる経営

チームによる創業のメリットが揃うものと想定される。

　第4に、CEの成果について事例によるバラツキが見られた。「ビジネスモデルの再構築」は、パナソニック、ANA HD、ソフトバンクに共通して観察されたが、そもそもこれらはCEの定義に内包された論点であると考える。また「イノベーション」はCEの定義に含まれるものの、パナソニック・バイエル薬品の事例で限定的に観察されるにすぎなかったが、その理由としては、イノベーションの顕在化には、時間がかかるためと想定される。最後に、ソフトバンクの事例では「企業ドメインの再定義」と、「独立型ベンチャーの戦略的アントレプレナーシップ (SE)」が観察された。「独立型ベンチャーのSE」は図2-10の通り、CEの範囲外の論点ではあるが、「アントレプレナーの獲得によるベンチャー創出の拡大再生産」という独自モデルをとることで、創業者が一代で大企業へと成長させた結果、同社のCEに組み込まれたと考える。

注

1) 野村（2017）p.59。
2) 和田（2018；2019）。
3) Kuratko, Morris, and Covin (2011) p.86。
4) Narayanan, Yang, and Zahra (2009) p.65。
5) Dyer and Singh (1998)。
6) 金井・腰塚・田中・中西・松木・松本・涌田（1994）p.49。金井（1999）p.51。
7) Narayanan, Yang, and Zahra (2009) p.62。
8) 同上。
9) 過程追跡の作業は、①出来事年代記の作成→②出来事コンセプト→③出来事構造の記述という手順で行われ、それに基づき出来事構造が推論される（田村（2006）pp.172-188）。本書では、①出来事年代記について、各章の年表と本文の記述により代用するほか、③出来事構造の記述は表7-1をもとに、CEに関する内容に絞って記述している。
10) Sarasvathy (2008)、Read, Dew, Sarasvathy, Song and Wiltbank (2009)。
11) 田路（2020）pp.173-179。
12) Roberts and Berry (1985) p.8。
13) Narayanan, Yang, and Zahra (2009) p.62、新藤・秋庭（2014）p.38。
14) 山田幸三（2000）pp.217-222。
15) Wasserman (2012) pp.70-85。

第8章

まとめ

Ⅰ．本書の結論

　本書は、コーポレート・アントレプレナーシップ（以下、CE）とは何かを明らかにすることを目的として、CE 研究の歴史的経緯の遡行、先行研究レビュー、事例分析を行ってきた。ここまでの議論から、本書の結論としては、以下の4点が挙げられる。

　第1に、CE については、「戦略転換またはイノベーションが行われ、ベンチャー創出を伴う、既存企業によるアントレプレナーシップ」と定義される。また第2章の議論から CE の要素としては、「コーポレート・ベンチャリング（以下、CV）」「戦略的アントレプレナーシップ（以下、SE）」「イノベーション」が挙げられる。これらの要素については、第1章で抽出されたキーワードである、「組織（＝CV）」「戦略（＝戦略的アントレプレナーシップ）」「イノベーション」と概ね対応するものである。さらに CE の研究領域としては、図2-10の領域のうち、SE・イノベーションの片方または両方と、CV とが重なる領域となり、「イントレプレナー」「（内部志向型、協同型、外部志向型といった）CV 形態」「企業ドメインの再定義」「ビジネスモデルの再構築」「急進的イノベーション」といった論点が含まれている。

　第2に、CE における「アントレプレナー資源」の重要性が確認された。CE の定義にベンチャー創出が含まれていることから、事例分析に先立ち CV の重要性が観察されることはある程度予見されていた。しかし事例分析では、CE の起点、CV 形態とイントレプレナー属性の組合

せ、アントレプレナーの獲得によるベンチャー創出の拡大再生産など、いずれもイントレプレナーを含む「アントレプレナー」の重要性が確認された。なおここでいう「アントレプレナー」とは第2章の内部志向型CVにおける、独立したアントレプレナーかイントレプレナーかという区分ではなく[1]、既存企業の「資源」の1つと考える。よって本書ではこの存在をアントレプレーの属性の議論とは区別し、「アントレプレナー資源（Entrepreneurial Resource）」と呼ぶこととする。

　「アントレプレナー資源」とは、「既存企業の経営資源の一部としてとらえられたアントレプレナー」を意味している。また「アントレプレナー資源」は、ペンローズの「起業サービス（Entrepreneurial Service）の主体者」というアントレプレナーに近い概念となるが、異なる面も存在する。ペンローズはアントレプレナーを、「地位・職業分類を問わず、企業内において、起業サービスを提供する個人ないしはグループ」と定義しており[2]、経営資源として必ずしも明確に規定していない。一方で、事例分析から、イントレプレナーが多様なプロジェクト経験から経営チームに成長したり、既存企業の外部からアントレプレナーが獲得されたりしており、アントレプレナーを蓄積・再生産可能な「資源」と解釈する余地が存在する。

　経営資源には「財務的資本（Financial Capital）」「物的資本（Physical Capital）」「人的資本（Human Capital）」「組織的資本（Organizational Capital）」が存在するが[3]、「アントレプレナー資源」は「人的資本」の1種となる。また企業の強み・弱みは、①経済価値（Value）、②希少性（Rarity）、③模倣困難性（Imitability）、④組織（Organization）の4点から判断される[4]。一方、アントレプレナーが提供する起業サービスについて、ペンローズは、「起業サービスの質が企業の成長を決める上で戦略的重要性を持つ」とし[5]、企業で一般的な「管理サービス」とは異なるとしている。よって「アントレプレナー資源」は、①～③の条件を満たし、なおかつ事例分析から、④組織により蓄積される資源と考える。

　第3に、「アントレプレナー資源」とCVとの関係として、図8-1の5つのタイプが想定される。定義と事例分析から、CVと「アントレプ

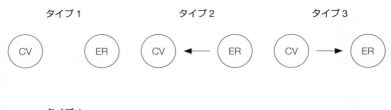

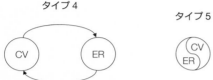

図8-1　コーポレート・ベンチャリングとアントレプレナー資源との関係
（注）CV：コーポレート・ベンチャリング（Corporate Venturing）　ER：アントレプレナー資源
　　（Entrepreneurial Resource）
（出所）筆者作成

レナー資源」がCEのコア要素と想定されるが、事業戦略とCVとの関係を示した図2-8を援用して両者の関係を表したのが、図8-1となる。なお図8-1で示されたCVとは、ベンチャー創出を初めとする成果ではなく、手法・形態といった「CVの仕組み」を意味している。

　タイプ1は、既存企業の内部に、「CVの仕組み」「アントレプレナー資源」のうち片方しかないか、両方あっても2つの要素が無関係な状態である。具体的には、ベンチャー創出に結びつかない形骸化された社内ベンチャー制度や、既存企業でのアントレプレナー資源の死蔵や離脱などの現象として現れるものであり、CEの観点からは、ある種の「機能不全モデル」といえる。

　タイプ2は、「アントレプレナー資源」が「CVの仕組み」に影響を与えるパターンであり、第7章のバイエル薬品とソフトバンク（初期）の事例が該当する。具体的にはイントレプレナーによるCVの仕組みへの働きかけや、創業者によるCVの仕組みづくりなど「アントレプレナー主導型」と呼ばれものであり、個人のイニシアティブが求められる外資系企業やベンチャーで、観察されるタイプとなる。

　タイプ3は、「CVの仕組み」が「アントレプレナー資源」に影響を

与えるパターンであり、パナソニックと ANA HD の事例が該当する。具体的には、CV の仕組みを通じて、アントレプレナー資源が獲得・選出・育成・チーム編成されるなど「組織コンテクスト主導型」と呼ばれるものであり、効果的な社内ベンチャー制度や CVC ファンドを持ち CE が機能する日本の既存企業で観察されるタイプとなる。

　タイプ 4 は「CV の仕組み」と「アントレプレナー資源」が相互に影響するパターンであり、タイプ 5 は両者が一体化するパターンである。これらのタイプは、ソフトバンク（中〜後期）の事例に該当する。具体的には、CV の仕組みを通じ、アントレプレナー資源が獲得・選出・育成・チーム編成された後、アントレプレナー資源により CV の仕組みは精緻化される（タイプ 4）。このプロセスが繰返されることにより両者が一体化し、アントレプレナー資源の拡大再生産が行われる（タイプ 5）。

　上記のうち、CE が機能不全となっているタイプ 1 を除き、タイプ 2 〜 5 が CE に該当すると考える。またソフトバンクの事例ではタイプ 4 →タイプ 5 の時系列の進化が見られたが、図 2-8 の概念から本来、各タイプは独立して存在すると考える。

　第 4 に、以上の議論のまとめとして、コーポレート・アントレプレナーシップ（CE）のモデルについては、図 8-2 により表される。CE のコア要素は、「アントレプレナー資源」と CV の仕組みを意味する「コーポレート・ベンチャリング」となる。また図 8-1 のタイプ 2 〜 4 が CE に該当し、2 つのコア要素が一方または双方に影響することから、両者の間は双方向矢印により結ばれる。なおこれらのコア要素は、図 8-2 の CE の成果に影響を与えることから、実線の矢印により表される。

　CE の主な成果としては、定義に含まれている「戦略（転換）」「イノベーション」が挙げられるが、「戦略（転換）」はさらに「ビジネスモデルの構築」「企業ドメインの定義」にブレークダウンされる[6]。なおこれら 2 つの要素のうち、「ビジネスモデルの構築」だけが実線の枠で示されるが、これについては CE の定義の「ベンチャー創出」のコアとなる部分であり、事例分析による CE の成果からも裏づけられる。また、「企業ドメインの定義」については、事業レベルの成果ではなく、既存

コア要素　　　　　　　　　　　成果

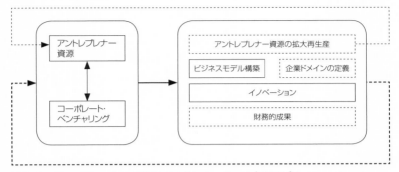

図8-2　コーポレート・アントレプレナーシップのモデル
（出所）筆者作成

企業の全社レベルの成果となり、出現する可能性が限定的であることから、点線の枠で示されている。なお「イノベーション」について、事例分析から十分な成果が観察されたわけではないが、理由としてはその実現まで時間がかかるためと考える。よって図 8-2 では、「イノベーション」について CE の成果として実線の枠で示している。また第 2 章で議論の通り、その内容としては「急進的イノベーション」が中心になると考える。

　「ビジネスモデルの構築」「企業ドメインの定義」「イノベーション」といった CE の成果は、図 2-5、図 2-7 にて CV の成果として提示された「戦略的成果（戦略的便益）」に該当すると考える[7]。この「戦略的成果」と対になる概念として、図 2-5、図 2-7 では「財務的成果（経済的便益）」の存在が示されていることから、図 8-2 では CE の成果に「財務的成果」を含めている。なお「財務的成果」は、すべての事例から観察されたものではないため、点線の枠により示している。最後に CE の成果としては、「アントレプレナー資源の拡大再生産」が挙げられる。これについては事例分析でも観察された現象であり、アントレプレナーを蓄積・再生産可能な「資源」と解釈することで導出される。なお「アントレプレナー資源の拡大再生産」については、必ずしもすべての事例で出現しているわけではないため、点線の枠で示されている。

最後にこれらの CE の成果は、「アントレプレナー資源」と「コーポレート・ベンチャリング」というコア要素にフィードバックされる可能性がある。よって図 8-2 ではこの関係性について、CE の成果から CE のコア要素への太い点線の矢印で表している。また「アントレプレナー資源」は「資源」であるため、拡大再生産されることを通じて、CE のコア要素の「アントレプレナー資源」に直接フィードバックされる。なおこうした「アントレプレナー資源の拡大再生産」は、事例分析の一部にて観察された事象にすぎないことから、細い点線の矢印で表現している。

Ⅱ. 含意と課題

本書の理論的含意としては以下の 3 点が挙げられる。第 1 に、「コーポレート・アントレプレナーシップ（CE）とは何か」について、多面的に明らかにした点が挙げられる。これまで日本では、既存企業のベンチャー創出理論として、コーポレート・ベンチャリング（CV）の研究が独自に発展してきた。その結果、第 1 章で説明した通り、CE について積極的に議論されなかったほか、CE と CV の区別についても、明確に論じられてこなかった[8]。本書では、CV、戦略的アントレプレナーシップ、イノベーションという図 2-10 の 3 つの要素により、CE の領域を明らかにしたほか、CE の定義を示すことで CV との違いを、より明確に示している。さらにシステマティックレビューを通じて、CE が1990 年代から発展しただけでなく、1937 年のルイスの論文まで遡ることができる、普遍性のある概念であることを示している。

第 2 に、CE と CV との違いの鍵としてアントレプレナーに着目し、その存在を「アントレプレナー資源」として、概念化した点が挙げられる。既存企業とアントレプレナーとの関係については、これまで内部志向型 CV の「イントレプレナー」を中心に議論がなされてきた。しかしこれらの議論は、協同型、外部志向型という他の CV 形態を必ずしも射程に含めておらず、またその内容も、イントレプレナーの資質・能力・

役割に限定されがちなものであった[9]。

　本書では、アントレプレナーを「資源」と捉えることで、協同型、外部志向型を含む多様なCV形態での議論を可能とするほか、プレベンチャーチーム→プロダクト・チャンピオン→プロジェクトリーダー→組織チャンピオンというベンチャー創出前後のイントレプレナーの役割変化を[10]、イントレプレナー個人の地位や職階にとらわれることなく一貫して捉えることが可能となる。また、ペンローズに代表される企業成長の研究では、資源論とアントレプレナーシップ論という別個の領域にて議論がなされてきた。本書では「アントレプレナー資源」という概念を用いることで、これら2つの領域を架橋した形で、重層的に議論することが可能になると考える。

　第3に、「アントレプレナー資源」と「コーポレート・ベンチャリング」をCEのコア要素と規定するとともに、要素間の関係について図8-2のモデルを提示したことが挙げられる。CEに関する先行研究では、図2-1、図2-2に代表されるように[11]、複数のモデルやフレームが示されているものの、複合的な研究であるCEの領域をマッピングするだけの議論が中心であった。それに対し本書では、CEのコア要素および要素間の関係について、そのフィードバックメカニズムを含むモデルという形で、仮説として提示している。

　また実践的含意、中でも既存企業がCEを導入・実現・活性化するための含意として、以下の2点が挙げられる。第1に、アントレプレナーも「資源」の一種であるため、アントレプレナーを対象とする「人的資源管理」の導入が求められる。人的資源管理は、「企業が経営目的を達成するために、働く人々を管理するための一連の活動」と定義される[12]。また人的資源管理の対象には、正社員に加えて、派遣社員や契約社員など非正規社員や管理職も含まれ、人的資源管理の具体的活動としては、採用、教育、配置、評価、処遇があるとされる[13]。

　一方で、ペンローズは、企業を管理単位ではなく生産資源の集合体ととらえ[14]、「管理サービス」と「起業サービス」とを明確に区分している。この議論を前述の「人的資源管理」の概念に当てはめた場合、「管

理サービス」の提供者となりうる人材が、「（通常の）人的資源管理」の対象になっていると想定される。それでは、「起業サービス」の提供者となりうる人材、すなわち本書で示す「アントレプレナー資源」は、人的資源管理の対象として、明確に扱われているのだろうか？

　確かに、「アントレプレナー資源」の管理については、内部志向型CVにおけるイントレプレナーの評価・処遇を中心に先行研究で議論がなされている[15]。しかし、そこには「アントレプレナー資源」の採用・教育・配置は含まれておらず、アントレプレナーの取扱は一貫した人的資源管理の対象ではなく、例外的に処理すべき事項となっている。その結果、図8-2による「アントレプレナー資源の拡大再生産」は発生せず、CEは不活発または一過性の現象に留まることが多いと想定される。

　第2に、社内外のアントレプレナーを加えた、既存企業のトップマネジメント体制の構築が求められる。前述の「アントレプレナー資源」の人的資源管理を行う上で、人事部だけ対応するにはでは限界がある。

　例えば、内部志向型CVを行うイントレプレナーの人的資源管理では、図2-6の通り、コーチングを行う新規事業開発部門や、モニタリングを行う全社レベルの関与が[16]、必要になると考える。さらに、協同型CVや外部志向型CVにおける社外のアントレプレナーを管理するには、社内人材を対象とする人事部だけでは、対応に限界がある。例えば、協同型CVでは、パートナー企業の選定やスキーム構築を行う経営企画部門の関与が必要になるかもしれない。また外部志向型CVの場合、ベンチャーを創業したアントレプレナーへの報酬と企業価値評価が直結することから、買収を担当する財務部門が重要な役割を担うかもしれない。

　こうした「アントレプレナー資源」の管理には、部門の枠を超える必要があるため、部長・課長といった既存企業の「ミドル」ではなく、「トップマネジメント」が対応する必要がある。さらに前述のペンローズの議論では「管理サービス」と「起業サービス」とは全く別個のものであり、「アントレプレナー資源」の管理には「起業サービス」の主体者、すなわち「アントレプレナー」の関与が不可欠となる。実際に、ソ

フトバンクの事例分析では、買収した世界的メガベンチャーのアントレプレナー（創業者）を既存企業の取締役に加えることで、CE を加速させていると考える。

　その反面、既存企業のトップマネジメントに社内外のアントレプレナーを加えていく上で、困難な点も存在する。トップマネジメントの多くは前述の「管理サービス」の提供者であり、そこに少数の異質な「起業サービス」の提供者を加えられるのか、という議論である。その上で重要な役割を発揮するのが「資本家」ということになる。第 1 章で紹介した、1937 年のルイスの論文では、資本家の「代理人機能」になることで、「役員」がアントレプレナーシップを担う、CE の統治モデルが示されている[17]。この統治モデルを現代の日本に当てはめれば、資本家（＝株主）を代表する取締役会（Board）が、CE を既存企業の喫緊の課題と位置づけ、アントレプレナーを役員（Executive）に選任することで、この課題は解決するものと考える。

　以上が本書の理論的含意と実践的含意となるが、一方で本書にはいくつかの課題も存在する。理論的課題としては、第 1 に、本書の結論は、「極端／珍しい／決定的」4 社の事例による非実証主義的方法に基づく比較事例研究であり、必ずしも実証主義的な分析が採られていない。この課題に対しては今後、実証主義的な事例研究や定量研究を通じて、CE モデルの検証・精緻化が求められる。第 2 に、CE の周辺領域との関係について、十分に解明されていない。具体的には、CV の周辺領域として「ファイナンス」のほか、海外では「大学発ベンチャー」「スピンオフ」も含まれるとされるが[18]、それらとの関係の解明も求められると考える。

　最後に、実践的課題としては、CE に関する具体的な「手法」にまで、踏み込めていない点が挙げられる。本書では、図 8-2 の CE のモデルと実践的含意を通じて、CE の概念（考え方）を提示したものの、「アントレプレナー資源」の採用、教育、配置、評価、処遇を具体的にどうするかなど、その「手法」については論じていない。また本書では、図 8-2 の CE のモデルについても、それを実践に適用した場合に既存企業

に与える「マイナスの影響」についても検証されていない[19]。

　以上が本書の課題であるが、それらの課題は、日本企業のコーポレート・アントレプレナーシップの活発化と当該研究の深化により、おのずと解消されると考える。また「失われた30年」という言葉とは裏腹に、コーポレート・アントレプレナーシップを通じ、質的転換に取組む日本企業の力強い姿が、本書の事例から浮び上がっている。本書による概念提示を通じて、日本企業のコーポレート・アントレプレナーシップがさらに加速することを願ってやまない。

注

1) Pinchot Ⅲ（1985）p. vii。
2) Penrose（2009）p.28。
3) Barney（2002）pp.155-156。
4) 同上 pp.159-172。
5) Penrose（2009）p.32。
6) 第7章までは、これらの要素は「ビジネスモデルの再構築」「企業ドメインの再定義」と表現されていたが、図8-2のモデルではより普遍的な概念として、「ビジネスモデルの構築」「企業ドメインの定義」という単語を用いる。
7) Narayanan, Yang, and Zahra（2009）p.62、p.65。
8) 小澤・氏家（2011）。
9) Pinchot Ⅲ（1985）。
10) Burgelman and Sayles（1986）pp.72-91。
11) Sharma and Chrisman（1999）p.20、Kuratko, Morris, and Covin（2011）p.86。
12) 上林（2016）p.13。
13) 同上 pp.14-15。なお上林（2016）は、人的資源管理の具体的活動については、①人員を雇い入れる、②人員を育てる、③仕事を割当てる、④仕事の結果を評価する、⑤処遇を決める、という表現を用いている。

14) Penrose（2009）pp.21-23。
15) Pinchot Ⅲ（1985）pp.260-299。
16) Burgelman（1984b）p.34。
17) Lewis（1937）。
18) 新藤・橋本・木川（2019）pp.2-4。なお関連分野の文献例は以下の通り。
　　［大学発ベンチャー］Shane（2004）、山田仁一郎（2015）。
　　［スピンオフ］稲垣（2003）、福嶋（2013）。
19) アントレプレナーシップには不均衡をつくる「シュンペーター型」と、均衡をつくる「カーズナー型」があり、創業期には「シュンペーター型」が出現するとされる（金井（2002）pp.60-67）。本書で論じる「アントレプレナー」は、ベンチャー創出を前提とするため、「シュンペーター型」に該当すると考える。「シュンペーター型」による図8-2の「アントレプレナー資源の拡大再生産」が行われた場合、不均衡がもたらされることで、企業成長が可能になるという「プラスの影響」が予想される反面、収益の不安定化などの「マイナスの影響」が発生することも予想される。

参考文献

［英文〕

Abernathy, W. J., and Clark, K. B.（1985）. Innovation: Mapping the Winds of Creative Destruction, *Research Policy,* 14(1): 3-22

Abernathy, W. J. and Utterback, J. M.（1978）. Patterns of Industrial Innovation, *Technology Review,* 80(7): 40-47

Abell, D. F.（1980）. *Defining the Business: The Starting Point of Strategic Planning,* Prentice-Hall ※

Alexy, O., George, G., and Salter, A. J.（2013）. Cui Bono? The Selective Revealing of Knowledge and its Implications for Innovative Activity. *Academy of Management Review,* 38(2): 270-291

Asset Alternatives.（2000）. *The Corporate Venturing Directory and Yearbook*, Asset Alternatives

Barney, J. B.（2002）. *Gaining and Sustaining Competitive Advantage 2nd Edition,* Prentice Hall ※

Biggadike, E. R.（1979）. The Risky Business of Diversification, *Harvard Business Review,* 57(3): 103-111

Birkinshaw, J., van Basten-Batenburg, R., and Murray, G.（2002）. Venturing to succeed, *Business Strategy Review,* 13(4): 10-17

Block, Z. and MacMillan, I. C.（1993）. *Corporate Venturing: Creating New Business within the Firm,* Harvard Business School Press ※

Block, Z. and Ornati, O. A.（1987）. Compensating Corporate Venture Managers, *Journal of Business Venturing,* 2(1): 41-52

Burgelman, R. A.（1983）. Corporate Entrepreneurship and Strategic Management, *Management Science,* 29(12): 1349-1364

Burgelman, R. A.（1984a）. Designs for Corporate Entrepreneurship in Established Firms, *California Management Review,* 26(3): 154-166

Burgelman, R. A.（1984b）. Managing the Internal Corporate Venturing Process, *Sloan Management Review,* 25(2): 33-48

Burgelman, R. A. and Sayles, L. R.（1986）. *Inside Corporate Innovation: Strategy, Structure, and Management Skills,* The Free Press ※

Burt, R. S.（1992）Structural Holes: Social Structure of Competition. Boston, MA.: Harvard University Press ※

Bygrave, W. and Zacharakis, A.（2011）. *Entrepreneurship Second Edition,* Wiley & Sons Inc. ※

CB Insights.（2017）. *The 2016 Global CVC Report*, CB Insights

CB Insights.（2018）. *The 2017 Global CVC Report*, CB Insights

CB Insights.（2019）. *The 2018 Global CVC Report*, CB Insights

Christensen, C. M.（1997）. *The Innovator's Dilemma: When New Technologies Cause Great Firms to Fail,* Harvard Business School Press ※

Christensen, C. M. and Bower, J. L.（1996）. Customer Power, Strategic Investment, and the Failure of Leading Firms, *Strategic Management Journal,* 17(3): 197-218

Christensen, C. M. and Rosenbloom, R. S.（1995）. Explaining the Attacker's Advantage: Technological Paradigms, Organizational Dynamics, and the Value Network. *Research Policy,* 24(2): 233-257

Cohen, W. M. and Levinthal, D. A. (1990). Absorptive Capacity: A New Perspective on Learning and Innovation, *Administrative Science Quarterly*, 35(1): 128-152

Cohen, W. M., Nelson, R. R., and Walsh, J. P. (2000). Protecting Their Intellectual Assets: Appropriability Conditions and why U.S. Manufacturing Firms Patent (or not), *NBWE Working Paper*, 7552 : 1-31

Covin, J. G. and Miles, M. P. (1999). Corporate Entrepreneurship and the Pursuit of Competitive Advantage, *Entrepreneurship Theory and Practice*, 23(3): 47-63

Covin, J. G. and Miles, M. P. (2007). Strategic Use of Corporate Venturing, *Entrepreneurship Theory and Practice*, 31(2): 183-207

Cristo-Andrade, S. and Ferreira, J. J. (2020). Knowledge Spillovers and Strategic Entrepreneurship: What Researches and Approaches, *International Entrepreneurship Management Journal*, 16(1): 263-286

Chung, L. H. and Gibbons, P. T. (1997). Corporate Entrepreneurship: The Roles of Ideology and Social Capital, *Group & Organization Management*, 22(1): 10-30

Dosi, G. (1982). Technological Paradigms and Technological Trajectories: A Suggested Interpretation of the Determinants and Directions of Technological Change, *Research Policy*, 11(3): 147-162

Dushnitsky, D. (2012). Corporate Venture Capital in the Twenty-first Century: An Integral Part of Firms' Innovation Toolkit, in Cumming, D. (Eds), *The Oxford Handbook of Venture Capital*, Oxford University Press, 156-210

Dushnitsky, D. and Lenox, M. J. (2006). When does Corporate Venture Capital Investment Create Firm Value? *Journal of Business Venturing*, 21(6): 753-772

Dyer, J. H., & Nobeoka, K. (2000). Creating and Managing a High-performance Knowledge-sharing Network: The Toyota Case. *Strategic Management Journal*, 21(3): 345-367

Dyer, J. H. and Singh, H. (1998). The Relational View: Cooperative Strategy and Sources of Interorganizational Competitive Advantage, *Academy of Management Review*, 23(4): 660-679

Eckblad, J., Gutmann, T., and Lindener, C. (2019) *2019 Corporate Venturing Report*, Tilburg: Corporate Venturing Research Group, TiSEM, Tilburg University.

Ernst and Young (2009). *Global Corporate Venture Capital Survey 2008-09*, Ernst and Young

Fast, N. D. (1979a). Key Managerial Factors in New Venture Departments, *Industrial Marketing Management*, 8(3): 221-235

Fast, N. D. (1979b). The Future of Industrial New Venture Departments, *Industrial Marketing Management*, 8(4) : 264-273

Furr, N., O'Keeffe, K., and Dyer, J. H. (2016). Managing Multiparty Innovation, *Harvard Business Review*, 94(11): 76-83

Gompers, P. A. (2002). Corporations and the Financing of Innovation: The Corporate Venturing Experience, *Federal Reserve Bank of Atlanta Economic Review*, 87(4): 1-17

Granovetter, M. S. (1973). The Strength of Weak Ties. *American Journal of Sociology*, 78(6), 1360-1380

Guth, W. D. and Ginsberg, A. (1990). Guest Editors' Introduction: Corporate Entrepreneurship, *Strategic Management Journal*, 11(4): 5-15

Hamel, G. (2000). *Leading the Revolution*, Harvard Business School Press ※

Hanan, M. (1969). Corporate Growth through Venture Management, *Harvard Business Review*, 47(1): 43-61

Henderson, R. and Clark, K. B. (1990). Architectural Innovation: The Reconfiguration of Existing, *Administrative Science Quarterly,* 35(1): 9-30

Hill, S. A. and Georgoulas, S. (2016). Internal Corporate Venturing: A review of (almost) five decades of literature, in Zahra, S. A., Neubaum, D. O., and Hayton, J.C. (Eds), *Handbook of Research on Corporate Entrepreneurship,* Edward Elgar Publishing, 1-61

Hitt, M. A., Ireland, R. D., Camp, S. M., and Sexton, D. L. (2001). Guest Editors' Introduction to the Special Issue Strategic Entrepreneurship: Entrepreneurial Strategies for Wealth Creation, *Strategic Management Journal,* 22(6/7): 479-491

Hornsby, J. S., Kuratko, D. F., and Zahra, S. A. (2002). Middle Managers' Perception of the Internal Environment for Corporate Entrepreneurship: Assessing a Measurement Scale, *Journal of Business Venturing,* 17(3):253-273

Ireland, R. D., Hitt, M. A., and Sirmon, D. G. (2003). A Model of Strategic Entrepreneurship: The Construct and its Dimensions, *Journal of Management,* 29(6): 963-989

Iansiti, M. and Levien, R. (2004). *The Keystone Advantage: What the New Dynamics of Business Ecosystem Mean for Strategy, Innovation, and Sustainability,* Harvard Business School Press ※

Kanai, K. (1992). Corporate Entrepreneurship and Organization Learning, *Economic Journal of Hokkaido University,* 21: 123-137

Keil, T. (2002). *External Corporate Venturing: Strategic Renewal in Rapidly Changing Industry,* Quorum Books

Keil, T., Zahra, S. A., and Maula, M. (2016). Explorative and Exploitative Learning from Corporate Venture Capital: A Model of Program-level Determinants, in Zahra, S. A., Neubaum, D. O., and Hayton, J.C. (Eds), *Handbook of Research on Corporate Entrepreneurship,* Edward Elgar Publishing, 259-289

Ketchen JR, D. J., Ireland, R. D., and Snow, C. C. (2007). Strategic Entrepreneurship, Collaborative Innovation, and Wealth Creation, *Strategic Entrepreneurship Journal,* 1 (3/4): 371-385

Kogut, B. and Zander, U. (1992). Knowledge of the Firm, Combinative Capabilities, and the Replication of Technology, *Organization Science,* 3(3): 383-397

Kuratko, D. F. and Audretsch, D. B. (2013). Clarifying the Domains of Corporate Entrepreneurship, *International Entrepreneurship and Management Journal,* 9(3): 323-335

Kuratko, D. F., Covin, J. G., and Garrett, R. P. (2009). Corporate Venturing: Insights from Actual Performance, *Business Horizons,* 52(5): 459-467

Kuratko, D. F., Morris, M. H., and Covin, J. G. (2011). *Corporate Innovation and Entrepreneurship: Entrepreneurial Development within Organizations, Third Edition,* South-western, Cengage Learning

Lane, P. J. and Lubatkin, M. (1998). Relative Absorptive Capacity and Interorganizational Learning, *Strategic Management Journal,* 19(5): 461-477

Leonard-Barton, D. (1992). Core Capabilities and Core Rigidities: A Paradox in Managing New Product Development, *Strategic Management Journal,* 13(1): 111-125

Lewis, B. W. (1937). The Corporate Entrepreneur, *Quarterly Journal of Economics,* 51 (3): 535-544

Maula, M. V. J. (2001). *Corporate Venture Capital and the Value-added for Technology-based New Firms,* Doctoral Dissertations 2001/1, Institute of Strategy and

International Business, Helsinki University of Technology

Mazzei, M. J., Ketchen Jr, D. J., and Shook, C. L. (2017). Understanding Strategic Entrepreneurship: A "Theoretical Toolbox" Approach, *International Entrepreneurship Management Journal,* 13(2): 631-663

McGrath, R.G., Venkataraman, S., and MacMillan, I. C. (1992). Measuring Outcomes of Corporate Venturing: An Alternative Perspective, *Academy of Management Proceedings,* 1992(1): 85-89

Monsen, E., Patzelt, H., and Saxton, T. (2010). Beyond Simple Utility: Incentive Design and Tradeoffs for Corporate Employee-entrepreneurs, *Entrepreneurship Theory and Practice,* 34(1): 105-130

Narayanan, V. K., Yang, Y., and Zahra, S. A. (2009). Corporate Venturing and Value Creation: A Review and Proposed Framework, *Research Policy,* 38(1): 323-335

Penrose, E. T. (2009). *The Theory of the Growth of the Firm, Fourth Edition: with a New Introduction by Christos N. Pitelis.,* Oxford University Press ※

Peterson, R. W. (1967). New Venture Management in a Large Company, *Harvard Business Review,* 45(3): 68-76

Pinchot Ⅲ, G. (1985). *Intrapreneuring: Why You Don't Have to Leave the Corporation to Become an Entrepreneur,* New York:Harper & Row Publishers ※

Pisano, G. (2006). *Science Business: The Promise, the Reality, and the Future of Biotech.* Boston, MA: Harvard Business School Press ※

Rao, R. S., Chandy, R. K., and Prabhu, J. C. (2008). The Fruits of Legitimacy: Why Some New Ventures Gain more from Innovation than others. *Journal of Marketing,* 72 (4): 58-75

Read, S., Dew, N., Sarasvathy, S. D., Song, M., and Wiltbank, R. (2009). Marketing under Uncertainty: The Logic of an Effectual Approach, *Journal of Marketing,* 73(3): 1-18

Roberts,E.B. (1968). Entrepreneurship and Technology: A Basic Study of Innovators, *Research Management,* 11(4): 249-266

Roberts, E. B. & Berry, C. A. (1985). Entering New Businesses: Selecting Strategies for Success. *Sloan Management Review,* 26(3): 3-17

Sarasvathy, S. D. (2008). *Effectuation: Elements of Entrepreneurial Expertise,* Edward Elgar ※

Schindehutte, M. and Morris, M. H. (2009). Advancing Strategic Entrepreneurship Research: The Role of Complexity Science in Shifting the Paradigm, *Entrepreneurship Theory and Practice,* 33(1): 241-276

Schumpeter, J. A. (1981). *The Theory of Economic Development: An Inquiry into Profits, Capital, Credit, Interest, and the Business Cycle,* Routledge ※

Shane, S. (2004). *Academic Entrepreneurship: University Spinoffs and Wealth Creation,* Edward Elgar ※

Sharma, P. and Chrisman, J. J. (1999). Toward a Reconciliation of the Definitional Issues in the Field of Corporate Entrepreneurship, *Entrepreneurship Theory and Practice,* 23(3): 11-27

Sykes, H. B. (1986). The Anatomy of a Corporate Venturing Program: Factors Influencing Success, *Journal of Business Venturing,* 1(3): 275-293

Szulanski, G. (2016). Exploring Internal Stickiness: Impediments to the Transfer of Best Practice within the Firm, *Strategic Management Journal, 17* (Winter Special Issue), 27-43

Teece, D. J. (1986). Profiting from Technological Innovation: Implications for Integration, Collaboration, Licensing and Public Policy, *Research Policy,* 15(6): 285-305

Wasserman, N.（2012）. *The Founder's Dilemmas: Anticipating and Avoiding the Pitfalls That Can Sink a Startup*, Princeton University Press ※

Wright, M. and Hitt, M. A.（2017）. Strategic Entrepreneurship and SEJ: Development and Current Progress, *Strategic Entrepreneurship Journal,* 11（3）: 200-210

Von Hippel, E.（1977）. Successful and Failing Internal Corporate Ventures: An Empirical Analysis, *Industrial Marketing Management,* 6（3）: 163-174

Von Hippel, E.（1994）. "Sticky Information" and the Locus of Problem Solving: Implications for Innovation, *Management Science,* 40（4）: 429-439

Zahra, S. A., Jennings, D. F., and Kuratko, D. F.（1999）. The Antecedents and Consequences of Firm-level Entrepreneurship: The State of the Field, *Entrepreneurship Theory and Practice,* 24（2）: 47-67

Zott, C., Amit, R., and Massa, L.（2011）The Business Model: Recent Developments and Future Research, *Journal of Management,* 37（4）: 1019-1042

［和文］

青木義則（2018）『CVC ファンドを活用したベンチャー企業とのオープンイノベーション―事業シナジー創出で押さえておくべき5つの視点』PwC Japan グループ

稲垣京輔（2003）『イタリアの起業家ネットワーク―産業集積プロセスとしてのスピンオフの連鎖』白桃書房

株式会社 INITIAL（2021）『Japan Startup Finance 2020』株式会社 INITIAL

大原悟務（2010）「製薬産業における技術転換論の意義」『経済系』245: 48-55

小澤佐江子・氏家豊（2011）「コーポレート・ベンチャリング―米国大企業に見る課題とその解決策」『研究 技術 計画』26（3/4）: 179-190

小田切宏之（1992）『日本の企業戦略と組織―成長と競争のメカニズム』東洋経済新報社

加護野忠男・山田幸三（1999）『日本企業の新事業開発体制』日本経済新聞社

金井一頼（1999）「地域におけるソシオダイナミクス・ネットワークの形成と展開」『組織科学』32（4）: 48-57

金井一頼（2002）「起業のプロセスと成長戦略」金井一頼・角田隆太郎（編）、『ベンチャー企業経営論』有斐閣、59-87

金井一頼（2006）「事業領域の定義」大滝精一・金井一頼・山田英夫・岩田智（著）『経営戦略〔新版〕―論理性・創造性・社会性の追求』有斐閣アルマ、31-59

金井一頼・腰塚弘久・田中康介・中西晶・松木邦男・松本尚子・涌田幸宏（1994）『21世紀の組織とミドル―ソシオ・ダイナミクス型企業と社際企業家へ』産能大学総合研究所調査報告

樺澤哲（2011）「エレクトロニクス分野における技術ベンチャリング」『研究・技術・計画』26（3/4）143-160

上林憲雄（2016）「人的資源管理入門」上林憲雄（編著）『人的資源管理』中央経済社、12-29

木川大輔（2021）『医薬品研究開発のエコシステム』中央経済社

忽那憲治（2006）「ベンチャーキャピタル投資の現実」忽那憲治・長谷川博和・山本一彦（編著）『ベンチャーキャピタル ハンドブック』中央経済社、2-54

後藤晃・永田晃也（1997）「イノベーションの専有可能性と技術機会―サーベイデータによる日米比較研究」『NISTEP REPORT』48: 1-90

近能善範（2002）「「戦略論」及び「企業間関係論」と「構造的埋め込み理論」(2)」『赤門マネジメントレビュー』1（6）: 497-521

榊原清則（1987）「再構築の企業戦略」『ビジネス レビュー』35（1）: 24-33

榊原清則（1992）『企業ドメインの戦略論』中公新書

榊原清則・大滝精一・沼上幹（1989）『事業創造のダイナミクス』白桃書房

嶋田美奈（2011）「ミドルのコーポレート・アントレプレナーシップ行動を促進する組織要因の探索的研究」『日本経営学会誌』28: 42-52

新宅純二郎（1994）『日本企業の競争戦略―成熟産業の技術転換と企業行動』有斐閣

新藤晴臣（2003）「ベンチャー企業の成長・発展とビジネスモデル」『ベンチャーズ・レビュー』4: 77-86

新藤晴臣（2014）「起業家のパースペクティブによる戦略形成へ影響―ソフトバンク株式会社『Annual Report』のテキストマイニング」『組織学会大会論文集』3(1): 112-117

新藤晴臣（2015）『アントレプレナーの戦略論―事業コンセプトの創造と展開』中央経済社

新藤晴臣・秋庭太（2014）「外部指向型コーポレートベンチャリングに関する考察―ソフトバンク株式会社による関係会社創出の分析」『ベンチャーレビュー』24: 27-42

新藤晴臣・橋本良子・木川大輔（2019）「コーポレートベンチャリングの新展開―理論の拡張と日本における実践の多様化」『組織学会大会論文集』8(2): 1-6

高橋勅徳・木川大輔（2017）「創薬ベンチャーにおけるオーファンドラッグ戦略―株式会社レクメドによるホモシスチン尿症治療薬ベタインの開発事例の分析を通じて」『ベンチャーレビュー』29: 27-42

田路則子（2020）『起業プロセスと不確実性のマネジメント―首都圏とシリコンバレーのWeb ビジネスの成長要因』白桃書房

田村正紀（2006）『リサーチ・デザイン―経営知識創造の基本技術』白桃書房

野村康（2017）『社会科学の考え方―認識論、リサーチ・デザイン、手法』名古屋大学出版会

橋本良子（2014）『コーポレート・ベンチャリングの推進組織と推進者―創発性および戦略主導重視の視点からの考察』立命館大学大学院経営学研究科博士学位論文

福嶋路（2013）『ハイテク・クラスターの形成とローカル・イニシアティブ―テキサス州オースティンの奇跡はなぜ起こったか』東北大学出版会

福嶋路（2019）「新規事業創造についての研究の系譜―社内ベンチャーと CVC についての研究動向」研究年報経済学 77(1): 1-16

安田洋史（2016）『新版 アライアンス戦略論』NTT 出版

山田幸三（2000）『新事業開発の戦略と組織―プロトタイプの構築とドメインの変革』白桃書房

山田仁一郎（2015）『大学発ベンチャーの組織化と出口戦略』中央経済社

湯川抗・西尾好司（2011）「コーポレートベンチャリングに関する研究の系譜と課題」『研究 技術 計画』26(3/4): 127-142

和田雅子（2018）「コーポレートベンチャリング形態の選択に関する考察― ANA ホールディングスによるバニラエアの創出」『ベンチャーレビュー』31: 15-29

和田雅子（2019）『コーポレートベンチャリングの選択メカニズム― LCC 創出の比較事例研究』大阪市立大学大学院創造都市研究科博士学位論文

執筆者紹介

新藤晴臣
（しんどう　はるおみ）

[序、第1章、第2章、第6章、第7章、第8章]

編者紹介参照

橋本良子
（はしもと　よしこ）

[第2章、第3章、第7章、第8章]

事業構想大学院大学事業構想研究科教授。立命館大学大学院経営管理研究科非常勤講師、同大学イノベーションマネジメント研究センター客員研究員。株式会社アテクト社外監査役。立命館大学大学院経営学研究科博士後期課程修了・博士（経営学）。大学卒業後、松下電工株式会社（現パナソニック）で、複数の社内ベンチャー立ち上げを担う。第1回大阪サクヤヒメ表彰活躍賞受賞。

和田雅子
（わだ　まさこ）

[第2章、第4章、第7章、第8章]

株式会社A.R.T.代表取締役社長。大阪市立大学大学院都市経営研究科客員研究員。文部科学省航空科学技術委員会科学技術・学術審議会専門委員。一般社団法人日本女性航空協会理事。日本航空宇宙学会分野横断連携・開拓部門委員。大学卒業後、外資系航空会社勤務。大阪市立大学大学院創造都市研究科博士後期課程修了・博士（創造都市）。

木川大輔
（きかわ　だいすけ）

[第2章、第5章、第7章、第8章]

東洋学園大学現代経営学部准教授。首都大学東京（現東京都立大学）大学院社会科学研究科経営学専攻博士後期課程修了・博士（経営学）。シミックホールディングス株式会社、IQVIAサービーシーズ株式会社を経て現職。日本ベンチャー学会第12回清成忠男賞論文部門（本賞）、同第9回清成忠男賞書籍部門受賞。著書に『医薬品研究開発のエコシステム』（中央経済社）がある。

編者紹介

新藤晴臣
（しんどう　はるおみ）

[序、第1章、第2章、
第6章、第7章、第8章]

大阪市立大学大学院都市経営研究科教授。北海道大学経済学部卒、北海道大学大学院経済学研究科修士課程修了、大阪大学大学院経済学研究科博士後期課程修了・博士（経営学）。三菱UFJリサーチ＆コンサルティング株式会社でのコンサルティング業務後、株式会社光通信にて新事業戦略を担当し、ソフトバンク・インベストメントの前身企業への出向中にコーポレート・ベンチャーキャピタル投資を行う。株式会社USENに移籍後、同社の上場に貢献。アカデミックへの転身後、国立研究開発法人産業技術総合研究所ベンチャー開発戦略研究センター研究員、明星大学経済学部准教授を経て現職。日本ベンチャー学会理事。『アントレプレナーの戦略論』（中央経済社）ほか著書多数。

都市経営研究叢書8

コーポレート・アントレプレナーシップ
日本企業による新事業創造

2021年12月20日　第1版第1刷発行

編　者——新藤晴臣
発行所——株式会社 日本評論社
　　　　　〒170-8474 東京都豊島区南大塚 3-12-4
　　　　　電話 03-3987-8621 （販売）-8601（編集）
　　　　　https://www.nippyo.co.jp/　振替 00100-3-16
印　刷——平文社
製　本——牧製本印刷
装　幀——図工ファイブ

検印省略　©H. Shindo 2021
ISBN978-4-535-58763-2　Printed in Japan